荊楚文庫

〔康熙〕歸州誌書

〔清〕曹熙衡 纂修
〔清〕王景陽 增修
〔清〕李毓昌 增纂

〔乾隆〕歸州誌書

〔清〕曾維道 纂修

荊楚文庫編纂出版委員會
崇文書局

荆楚文庫

〔康熙〕歸州誌書
KANGXI GUIZHOU ZHISHU
〔乾隆〕歸州誌書
QIANLONG GUIZHOU ZHISHU

圖書在版編目（CIP）數據

〔康熙〕歸州誌書 /〔清〕曹熙衡纂修;〔清〕王景陽增修;〔清〕李毓昌增纂.
〔乾隆〕歸州誌書 /〔清〕曾維道纂修.
— 武漢 : 崇文書局,2023.12
（荆楚文庫. 方志編）
ISBN 978-7-5403-7534-8

Ⅰ. ①康… ②乾… Ⅱ. ①曹… ②曾… ③王… ④李… Ⅲ. ①秭歸縣—地方志—清代 Ⅳ. ① K296.34

中國國家版本館 CIP 數據核字（2024）第 006079 號

責任編輯：王　璇　叶　芳
整體設計：范漢成　曾顯惠　思　蒙
責任校對：董　穎
責任印製：李佳超
出版發行：崇文書局有限公司（中國・武漢）
地址：武漢市雄楚大道 268 號 C 座
電話：（027）87677133　郵政編碼：430070
録排：武漢鑫偉創圖文設計有限公司
印刷：湖北新華印務有限公司
開本：787mm×1092mm　1/16
印張：17
版次：2023 年 12 月第 1 版　2023 年 12 月第 1 次印刷
定價：96.00 元

ISBN 978-7-5403-7534-8
9 787540 375348 >

《荆楚文庫·方志編》編纂組

組　　長：賀定安　陽海清（執行）

副組長：劉傑民（執行）　王　濤　謝春枝　范志毅（執行）

參編人員（以姓氏筆畫爲序）：

王　濤　李云超　宋澤宇　范志毅　柳　巍　馬盛南　陳建勛

梅　琳　張　晨　張雅俐　陽海清　彭余焕　彭筱溦　賀定安

劉傑民　謝春枝　嚴繼東

編　　審：周　榮

顧　　問：沈乃文　李國慶　吴　格

出版説明

湖北乃九省通衢，北學南學交會融通之地，文明昌盛，歷代文獻豐厚。守望傳統，編纂荆楚文獻，湖北淵源有自。清同治年間設立官書局，以整理鄉邦文獻爲旨趣。光緒年間張之洞督鄂後，以崇文書局推進典籍集成，湖北鄉賢身體力行之，編纂《湖北文徵》，集元明清三代湖北先哲遺作，收兩千七百餘作者文八千餘篇，洋洋六百萬言。盧氏兄弟輯録湖北先賢之作而成《湖北先正遺書》。至當代，武漢多所大學、圖書館在鄉邦典籍整理方面亦多所用力。爲傳承和弘揚優秀傳統文化，湖北省委、省政府決定編纂大型歷史文獻叢書《荆楚文庫》。

《荆楚文庫》以『搶救、保護、整理、出版』湖北文獻爲宗旨，分三編集藏。

甲、文獻編。收録歷代鄂籍人士著述，長期寓居湖北人士著述，省外人士探究湖北著述。包括傳世文獻、出土文獻和民間文獻。

乙、方志編。收録歷代省志、府縣志等。

丙、研究編。收録今人研究評述荆楚人物、史地、風物的學術著作和工具書及圖册。

文獻編、方志編録籍以一九四九年爲下限。

研究編簡體横排，文獻編繁體横排，方志編影印或點校出版。

《荆楚文庫》編纂出版委員會

二〇一五年十一月

總目録

荆楚文库

〔康熙〕歸州誌書

〔清〕曹熙衡 纂修
〔清〕王景陽 增修
〔清〕李毓昌 增纂

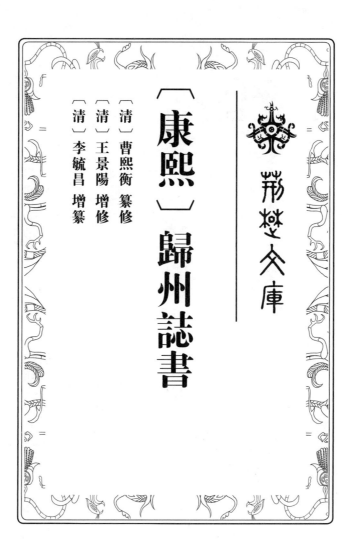

前言

《（康熙）歸州誌書》不分卷，清曹熙衡纂修，清王景陽增修，清李毓昌增纂。抄本。

卷端題『知州三韓曹熙衡纂修　楚黄汪申達參校　平水王景陽纂修　文陽李毓昌參校』。曹熙衡，字素徵，遼寧錦州人，廩生，順治間官貴州時編著有《峨眉山志》，康熙四年（一六六五）官歸州知州，七年（一六六八）任淮安同知。王景陽，山西趙城人，康熙八年（一六六九）任歸州知州。李毓昌，康熙初年官歸州州判，曾任枝江縣令。

是志僅存抄本，半葉九行，行十八字、十九字不等，無邊欄行格。全書六十七葉，皆有破損。墨筆抄寫工整，偶有朱筆勾點圈改。

歸州志明代曾數次纂修，後因鼎革，典籍多毁於兵燹，歸州又介巴蜀崇山間，爲寇盗草竊久矣。至康熙初年，曹熙衡就任歸州時恰戰火初息，披荆撫字稍定，數月而接徵志之令，曹公『進耆碩，延明經』，因舊乘不藏，乃復孜孜勤求，廣搜斷簡殘編，或求諸民間，或得之壞壁，累月而集成一帙。曹公披閲成稿，考古證今，删其疑似失實之處，取史傳輿論僉同者録載，輯爲《志略》。《志略》未及付梓，曹公即升淮安知府而離任。其後數年，繼任州牧率皆抄録進呈，至王景陽莅任，又有所增修，記事記物皆仿曹牧舊本而略增損焉。康熙十一年（一六七二）捐資募工刊刻成書。

是志舊目分八門四十六目，即：輿地誌（形勝、山川、險隘、古蹟、八景）、建立誌（城池、署宇、學校、壇祠、寺觀、宫廟、樓閣、橋梁、驛舖、惠政）、官紀誌（文職、武職、州守、州佐、□□、師儒）、貢賦誌（鄉里、户口、田畝、賦役）、典禮誌（朝賀、祀典、宴會、俗尚、聲音）、人物誌（名賢、忠孝、名媛、節烈、科名）、土産誌（麥屬、穀屬、菽屬、蔬屬、果屬、藥屬、花屬、木屬、水族）、文藝誌（銘記、詩辭）。然實際内容又與此目有異，如『官紀誌』下實分文職、武職、州守、知州、州判、吏目、學正、游擊；又如『人物誌』下多『流寓』『將才』二目。

曹公未見明修舊志，前無所因，故老無存，誠難修明，雖『非創而有若創之功』。亦因是故，其内容過簡，徵引不繁，類目下多爲寥寥數語。

是志早佚，乾隆以後修志者即未得見，故嘉慶李志有『圖書煨燼』之嘆。今不見刻本，僅國家圖書館藏有抄本，其『典禮誌』之『宴會』及『文藝誌』之『詩辭』缺類目名稱，未知是漏刻亦或漏抄。今據此影印。（宋澤宇）

目録

重修歸州誌書叙

嘗聞史以傳信也疑則闕之誌書亦然況上承朝廷大命欲修一統全誌行將傳天下傳後世安之

言妄載簡牘自貽
乎獨秘歸一隅賊氛蹂躪曰
久人民彫謝典章無存惟前
任曹州牧廣搜斷簡殘篇輯
爲誌略亦未及授梓數年來

各

上臺蒞任之初率皆抄録進

呈今則奉

旨徵取無已捐資募工刊刻成書

其中記事記句[illegible]

倣曹牧舊本而[illegible]
增損焉蓋以山川形勝所以
廣輿圖也關津要隘所以備
防禦也學宫壇祠所以彰祀
典也城池驛舖所以昭創建

也户口賦役所以明生聚也忠孝節義所以勵風化也諸如此類凡有關
國家大體者一一倍加詳慎必出自真實見聞據

方行録載至若余

民事俗尚禮教一切影響之

事靡蔓之詞槩不敢竄入蓋

仰體

朝廷纂修盛典之意不欲以無徵

者疑天下疑後世也謹傳所信以俟鴻儒碩彥裁定云爾

旹

皇清康熙拾壹年孟冬朔日

知歸州事王哥

歸州誌書序

夫誌書之作非叙於今日也然有非叙而昔創之者則歸州之誌是也古者命太師陳詩以觀民風命市納價以觀民之好惡而且相土地之所宜辨十[illegible][illegible]所殖地邑民居公[illegible]

誌之名也而誌實亡
也第其時風多淳龐人[illegible]少事
草野無兵革之擾士民鮮流亡
之患故其紀載也易詳歸州之
故介在巴蜀叢山間爲寇盜草
竊者已三十餘年矣其間典章
散失故老無存合欲舉而修明

之不誠難哉則非創而有若創之者余自承乏茲土未及下車即從

王

師征勦當是時也方芻茭糗糧之是務亦奔走奉令之弗遑何暇徵文考獻以備顧問即迄六年

王師奏捷山川更新
庶之豫附就予者十之一二又
踰月而始履其地爲未幾時
上臺忽以徵誌之文下頒此蓋
古者採風問俗之意也余於是
即進耆碩延明經而詢舊乘諸
君咸默然無以應余復致致勤

求廣搜博訪或傳之氏間或得
之壞壁累月而集成一帙猶懼
其疑似失實也又為之考古證
今必史傳與論僉同者始録而
載之寧樸毋華寧簡毋繁是誌
也即由州郡達之　邦國由邦
國以達之

天子而一方之風土开
之官守貢賦詳為一代之[illegible]文
典禮昭為歸州雖荒殘僻壤乎
未始不可與通都大邑圖王會
而進陳之也若夫粉飾太平潤
澤新獻以俟後之君子余不敏
惟誌其畧已爾是為序

旹

康熙肆年歲次乙巳菊月既望

知歸州事三韓曹熙衡撰

小引

嘗聞地以人傳也人亦以地傳而人實為先山川景勝非人不彰風化俗尚非人不定政治文憲非人不著有其地無其人則地無可傳也無可傳則無可誌矣有其地有其人則地為可傳也有可傳則可志矣歸郡地據荆楚上游為四

原稱雄峙迨明季以來作牧
藪在尋芳攬勝者固不及問即徵厘按俗
者亦不及詳暨我
朝
廓清寰宇驅除亂畧甫經底定　州守曹
公適蒞茲土而士慶賀得人焉當下車之
初城郭以已丘墟人民久已流散公為披
荊棘刈蓬蒿惠宣峽　保　心勞撫字而率土

子來歸邵遂欣欣有起色鄉者哀鴻滿野仳離載道今則百堵皆興游子息肩矣鄉者原田草竊農苦失業今則男耕女饁室家寧止矣鄉者操弓挾弩嘯聚山壑今則賣刀買犢鷹眼終化矣而且廢者舉之圮者修之他如捐創公署出治豐[illegible]……[illegible]理饗亭祀典因時具舉[illegible]

所憑依若此之類不可日
於晦蝕中音已三十餘載今乃[illegible][illegible][illegible]未
明始信一代之興必有人以開之一代之
盛必有人以成之惟我　州守曹公其足
當此乎以故山川景勝瞭然在目也風化
俗尚煥乎可紀也政治文憲按籍可稽也
舊誌雖失公爲悉心研幾周爰咨詢集成

一書固云大畧而全盛之理亦已具備洵
可與其人其地并誌不朽云
旹
康熙肆年歲次乙巳季秋月
歸州儒學學正汪申達拜手書

歸州誌目録

文藝誌

銘記　詩辭

歸州誌書

知州三韓曹熙衡纂修

平水王景陽

楚黃汪申達

文陽李毓昌參較

輿地誌

形勝

粤稽其地爲禹貢荆州之域天文翼軫分野周爲夔子國地戰國屬楚秦漢屬南郡三國吳屬建平郡晉因之劉宋屬荆州南

置秭歸郡治長寧縣隋

信州唐置歸州天寶初
歸州宋屬荊州北路建炎中屬
隸歸州路尋降爲州明洪武九年廢州爲秭歸縣
屬彝陵州後復爲歸州轄興巴二縣
東至彝陵州界一百二十里
西至巴東縣界六十里
南至施州衛馬家坪界二百四十里
北至興山縣界五十里

山川

○楚臺山在舊州楚襄王建臺於其上因名今久廢
○學士山州西十里山有八理翰林李矗建學士楼以對岑山久廢
○香鑪山州南二十五里其形如爐
○卧牛山州東四里形如卧牛上有翰林亭李矗為刺史時常遊玩於岑
雞籠山州南一十里距兵書峽口
○龍王山州南六十里土入禱雨有驗
○野猪山州北十里其山多野猪
○兩面山州南八十里回兩山相對而名
○五枝山州北一百里其山有五峯中逢建有玄帝廟
大江原出蜀之岷山歷山巴東由州西東
巫
香溪州二十里源出興山流入江相傳昭君滌救於岑故名康熙三年因合三省官兵攻李匙於茅麓山秦檄全楚卽守立塘運糧於岑
沙鎮谿州西十里平地[illegible]出來觀江水泛漲不能淹沒民饑饉流離觀下有一古[illegible]

灘未崩時横截江心水極[illegible]往來客商至此停舟起貨方可

五象谿州南十里有屈原里記靖年間被大水所衝遂不[illegible]

險隘

叱灘州北二里舟行至此多覆黄庭堅詩云命輕入鮓甕頭船

蓮花灘州南三里水湧沸似蓮花

新灘州東二十五里始而平坦無灘於嘉靖年間陰兩月餘山忽崩壞居民百餘家兩岸壁立大石横塡江心怒濤沸騰其聲如雷舟入不能徑渡商賈停舟倩人負運

搜灘州西二十里水勢洶急灘下逼湧搜床石長二十餘丈水落石出水泛石隱若見行舟者無不恐懼土人云有搜無新有新無搜

九龍灘州前怪石錯出如九龍之狀峽水沸騰有聲

空舲峽州東四十里絕崖削立飛鳥不能棲水勢奔流石磧險惡夏月

水漲必空舩方可上灘

白狗峽 州南二十里兩岸如削白石隱見其狀如狗杜甫詩云白狗斜臨峽黃牛更在南之句

兵書峽 州北二十里一名鉄棺靈蹟在白狗峽東唐將軍王果爲雅州刺史舟經此峽望見懸崖有物似棺令人視之果棺也骸骨存焉旁有石誌云欲随不隨遇王果三百年後重收我果視之愀然爲之歛葬而去

棺木峽 州南九灣溪東望坡離聖天觀五里許懸崖絕壁人所難到前賢有詩云棺木如何懸此崖秋風凄雨慟人懷雪飛千里山被孝風動松聲樹舉哀春到百花陳奠禮夜來星宿照靈臺可憐爾是誰家子尸到於今猶未埋

七里峽 州北六十里言其遠有七里

都里峽 五十里

鬼見愁 州南一百六十里陸路其山險雖鬼見之

州南一百三十里陸路即蛇亦難行言其險也

州北一百二十里

中嶺寨州南百里，可攀援如僧項之禿

五峯寨州南三十五里

野彝土將軍嶺擂鼓臺天子墳

獅子坪州北四十里，形如獅子狀

蒼坪州南一百二十里

高谷坪州北二十里

周坪州南陸十里

太坪州南八十里

龍坪州南七十里

荒口州南四十里

荒林頭州東二十里

麻衣荒州南六十里

清涼荒州南一百六十里

辟蘿荒州南一百六十里

雨水荒州南十里

九木耳荒州南十里

騰里荒州南二十里

高谷荒州南六十里

鄧家荒州西六十里

古蹟

夔子城 州南十里春秋夔子之國宋玉十朋詩自秉華路思熊繹詞誦離騷吊屈原城邑舊為夔子國人民多是楚王孫

丹陽城 州東五里北枕大江即屈沱楚王城也夏啟封盖除於丹陽城元和誌周成王封熊繹於荊即在丹陽

劉備城 州後漢照烈征呉連營柒百里至秭歸此城皆當時所築者

挿竈 州東二十里在山之巔相傳夏禹治水在此炊饌有餘薪挿竈內其跡尚存

屈原宅 州東八十里三閭鄉今存舊跡

女嬃砧 在三閭鄉

屈原沱 州東五里

宋玉宅 州東七里今有舊踖

玉米坵 在三閭鄉屈原耕此田米白似玉

楚王井 舊州內山巔楚襄王造

清林井 州南九十里有鹹水傳說前代煎[illegible][illegible][illegible]目照出巔之今水猶鹹常有喜水

米倉口 在江之濱兵書峽有水落時其中一茫一

占歲之豐歉沙盈則豐沙少則[illegible]
次若無其年必歉曰名曰米倉口
肆拾里大江峭壁間懸石如肝[illegible]詩
怪石生來似馬肝儼然懸掛碧雲端三春[illegible]雨淋不朽六月炎天晒未乾舟中過客頻相顧隔岸遊人仔細看黄鷹幾度空飛翅欵待充飢下嘴難

鎖江鐵鍊 在無書峽上有鐵索鎖江隱而不見見則不祥

唐王殿 州西六十里明萬歷年間土人白福耕地得金盧金甲金人金豆箭鏃之類

對罵場 與唐王殿相對咫尺皆昔之戰場也

洗馬池 在舊州得勝門外一里相傳楚襄王洗馬之所

烏龍池 州南五十里相傳一日雷雨大作見龍騰空而去

白馬石 烏石相對

烏牛石 在州前江之中與白馬石相對有記云白馬對烏牛江水西邊流有人識得透富過十三州

夔沱 周成王封熊繹於此地而夔子國也

羅沱 州西六十里按

歐陽公硯譜云大沱石班班有文其色青紫可作硯亦頗發墨今失其處

歸鄉沱即屈原浮尸處

響鼓沱屈原宅近澗水與石相激其聲如鼓

風洞州西六十里在深崖懸壁朝相傳四時有風三洞相連

火洞熱氣如焚草木不生

冰洞夏月有往取也不氷土人言則見

水洞州北七十里水從洞出其洞內深遠土人避兵於此

蓮花洞州南五十里洞內有石碗然如蓮花

濯纓泉州東南十里內有神蛇人穢其水即見

昭君村王昭君住處

洗面井昭君曾于此洗面

八景

楚臺暮雨相傳暮夜微雨濛濛

牛角招雲[illegible]

照日日落後此山有日返照

同氣連傳

殺夫欲奪之娟誘賊埋土埋之兩塚生兩樹根異而枝氣連枝

野渡橫舟水落時不用槳揖舟橫自渡

下每月照臨所不及者惟八月中秋水底有月無風鼓浪有聲

九龍戲珠在州城外

有一烏石居江之中其狀如珠岸有九石条脩長若龍形皆拱向為故名之

玉虛三洞

在香溪二里內一層有一大洞名玉虛上一層有二小洞名青蓮水簾常有仿客遊觀於此

建立誌

城池

歸州僻處巖險，背山臨水，舊城原在江南，因嘉靖四十年地忽陷裂，城舍傾圮，遂遷於江北，爰築城池，立四門，東曰迎和，南曰興賢，西曰瞻夔，北曰拱極。自明季爲賊寇往來盤踞，城垣頽靡。至康熙叁年大兵凱捷後，今捐設城門，以時啟開。但城垣頽靡甚多，工程浩大，俟民力裕康阜之日，方可議舉修築。

署宇

州署在瞻夔門之南舊建大[illegible]以[illegible]左右前鼓樓次儀門左寅賓館右六房皂隸房左申明亭以懲惡右旌善亭以獎善有粮廳捕廳皆居兩旁有豐積庫居堂左畫為灰燼知州曹熙衡於康熙四年三月內捐造儀門三間大堂三間後堂三間書吏房八間皂隸班房二間內住房三間土牆一過圖其餘等項徐圖創建

前察院久廢

後察院久廢

南邏司州東南十五里今存舊址

牛口司州西北六十里今存舊址

陰陽學州城今存舊址

僧正司在朝天寺

道正司在奕武宮

學校

儒學先在州後山麓之右因科第鮮少於萬曆

戊申年復遷州後山麓之左建有孔聖殿（三間）東廡（三間）西廡（三間）明倫堂（三間）啓聖祠（三間）名宦祠（一間）鄉賢祠（一間）教官衙宅（以上片瓦寸椽久已無存今先捐設瓦殿三間及兩廡依時祭祝文明倫堂三間前設甬墻柵欄週圍土墻至於各祠等項俟圖創建）

壇祠

社稷壇（州北門外）山川壇（東門外）郡厲壇（北門外）屈公祠（州東門外今重建）三公祠（城內今無）文昌祠（城內今無）土神祠（州前以上俱有祭祀）

寺觀

朝天寺州城內今存舊址
靈泉寺州[illegible]深[illegible]水消長典江水同候故名
法華寺在候見坡下今存舊[illegible]
鎮溪
內離州三十五里今存舊址
銅佛寺州南四十里今存舊址
萬壽寺州南六十里宋初建立今存舊址
二教寺在南邏溪內離州三十里今存舊址
和睦寺在和睦溪內離州七十里今存舊址
雲臺觀在州署後今存舊址
龍潭觀州北三十里今存舊址
白陽觀州南四十里今存舊址
聖天觀州南一百里今存舊址
流來觀在沙鎮溪口遺館大江尚存
回龍觀州西三十里今存舊址

宮廟

奕武宮 城内千總王得卞緝衆重建

關帝廟 東城外帝今感夢歸人樂輸廟像重新

城隍廟 城内官民創建瓦屋三間苐屋三間朔望行香

江瀆廟 在新灘南岸相傳神人陰修今已重建

百福廟 即漢景帝廟在州西二十里相傳廟成時有鍾自空而下其聲如雷至今鍾尚存

老官廟 又名黃魔神廟離州二里按寰宇記唐咸通中蕭遘自石史竄黔南泝三峽至秭歸夢神人曰我黃魔神也居栽極守西北隅捬佑公出此境又廟記云李君甫自忠州除替峽漲洶怒忽有神人湧出水上為之扶舟李問何神日我黃魔神也宋寇準自巳東經從此灘亦有神扶舟而下自號黃魔後準奏仁[illegible]顯濟候近來舟經此多覆[illegible]夢知州王景陽捐資倡修里廟近江干額曰江月土知州王景陽以載在

端陽拂歸廟原有賢林今自鬼鄉
祭祀
廟於原之故宅在向王廟本
三閭鄉今存舊址
輔靖大業在於所生之地穿
山鑿右顯著靈異土人崇祀

樓閣

望江樓州東十里今存舊址清風閣州東八里宋晏殊建今存舊址觀音閣州東三里明州守葉承家所建年久頹圮今駐防遊擊王鳳岐感夢捐資重建改爲大悲寺

清醒樓在州前久廢今改建牌坊

橋梁

鳳凰橋州南十里相傳曾有鳳鳴於此故名

高橋州北一百里明州守周昌明建

通濟橋城外　萬壽橋城東三里

驛舖

建平驛州南陸路八十里今新建　遞運所州東門外今有舊址　州前舖二十里至苐坪舖二十里至荒口舖二十里至周坪舖二十里至九湾舖二十里至花橋舖接爂陵州界　譚家舖離州前舖二十里至興山縣舖二十里　夏邏舖離州前舖二十里　石門舖離夏邏舖二十里至巴東縣舖二十里

惠政

預備倉州署東知州王景陽新建　養

官紀誌

文職

知州一員　州判一員　吏目一員　儒學教官舊有三員（奉裁後今止存）　學正一員　遞運所大使一員（裁併吏目）　建平驛驛丞一員（今併南邏司巡檢）　牛口司巡檢一員　南邏司巡檢一員

武職

城西舊有長寧千戶所等官今設有

遊擊一員　千總一員　把總二員　防兵三百餘

州守

宋

趙誠　皇祐初知歸州，見叱灘江石斷流，誠覓薪縱火，石裂，不數月而江開舟濟，名曰趙江，有磨崖銘，入名宦祠。

故明

龔興　洪武時任

曾大光　永樂時任浙江人

李世安　宣德時任四川人

黃敬　宣德時任江西人

楊勝　景泰時任直隸人

張廣　景泰時任山東人

丁毅　景泰時任直隸人

包文學　天順時任直隸人

趙琮　天順時任江西人

凌克溫　成化時任雲南人

馬琛　成化時任四川人

張靜　成化時任四川人

高昇　成化時任常熟人

李政　弘治時任河南人

劉景爵　弘治時任四川人

胡墉　弘治時任直隸人

熊馬　弘治時任江西人

葉天爵 正德時任直隸人

趙壁 正德時任直隸人

方準 正德時任江西人

姚高 嘉靖時任浙江人

鍾曉 嘉靖時任廣東人

趙章 嘉靖時任四川人

江中才 嘉靖時任四川人

莫讚 嘉靖時知歸州浙江人課農桑興學校民感其德立祠祀焉入名宦

蒙詢 嘉靖時任廣西人

陳有容 嘉靖時任直隸人

王錫 嘉靖時任山西人

劉焞 嘉靖時任山西人

江一勺 嘉靖時任廣西人

吳旦 嘉靖時任廣西人

鄭喬 嘉靖時任廣西人遷州於江北

王良用 嘉靖時任直隸人

徐大經 隆慶時任直隸人

陳深 隆慶時知歸州直隸人創修城郭州治煥然一新民感誦之為之立祠入名宦

林采鳴 [illegible]

易子龍 萬曆時任浙江人

葛邦弼 萬曆時直隸人

人
姚純臣萬曆時任直隸人吳宇忠江
孫鶴年萬曆時任山東人葉[illegible]人
張尚儒萬曆時任和州人崇尚儒術建立民懷其德士服其教其立祠以祀文廟名日
三公祠入名宦
王交如萬曆時任陝西人周惟中萬曆時任江西人王
光裕萬曆時任四川人張應斗萬曆時任浙江人楊奇珍天啓時任
廣東人周昌明天啓時任廣東人

皇清至康熙三年征闢之後甫選有官

知州

曹熙衡遼東人康熙三年任以卓異陞淮安府同知

王景陽山西趙城縣人康熙八年

州判

李學綸遼東人康熙三年任　柯雲福建人康熙七年任　李毓昌山西文水縣人康熙十一年任

吏目

楊國翰陝西富平縣人康熙三年任

學正

汪申達湖廣黃岡縣人康熙四年任

遊擊

李深　河南人康熙三年任

王鳳岐　山西山陰縣人康熙八年任

貢賦誌

鄉里

共五鄉五里今土荒人稀併為在市龍池二里

建東鄉　蒼坪鄉　龍城鄉　三鄉江南

下戎鄉　三閭鄉　二鄉江北

在市里　龍池里　歸化里　歸仁里　龍城里

户口

人丁貳千叁百伍拾丁　自明末諸寇出沒盤踞蹂躪數十年百姓逃散外裁殆盡今我朝康熙二自大兵剿平[illegible]寇李來亨之後前雖民共一千三百三十七口候編鄉開墾目今正在招抹漸之

田畝

田共一百五頃六十畝七分四釐五頃七十六畝二分柒釐龍城里上田　頃八十四畝四分七釐

地四千一百一十一頃五十九畝三分四釐在内市等四里上柒地一百三十五頃四十三畝四分七釐中平地三百八拾一頃七畝三分七釐下則坡地二千六百六十八頃六畝九分三釐龍城里上柒地二百三十九頃六十一畝八分六釐中則平地叁十九頃四十畝一釐下坡地六百六頃二十畝三分三釐下山次地肆拾壹頃七十九畝三分七釐以上俱旧額田地數目今俱荒蕪現在招撫開墾

賦役

在市等肆里并龍城里凡上田每畝科秋粮米貳升伍合九，上芥地每畝科夏秋米麥壹升伍合九，中平地每畝科夏秋米麥柒合

在市等肆里下坡則地每畝科夏秋米麥貳合玖勺伍抄

龍城里下坡則總每畝科夏秋米麥叁合壹勺壹圭陸粒肆粟，山坡地每畝科夏秋米麥貳合

以上共科秋粮米壹千玖百貳石貳斗玖升捌合伍勺肆抄，內壹斗以上起科官捌石，柒斗玖升肆合肆勺壹抄以民米壹千捌百玖拾叁石[illegible]斗[illegible]，秋後不分官民一體編，夏稅小麥貳百壹石玖

歷科麥壹石壹斗伍升
桑絲壹觔肆兩

夏税 原編絹價柒錢新加絹扛銀[illegible]
徵銀柒錢叁分伍厘秋粮
壹百壹拾兩玖錢玖分陸厘玖毫
麥粮內派後無增減俱不優免

起運 南京農桑絹壹疋正銀伍錢伍分扛銀壹
錢伍分共銀柒錢新議京扛每錢伍厘該
銀叁分伍厘解司附
部運南粮官併解

存留 本州倉小麥壹百零壹石玖斗玖升叁合
捌勺每石折銀伍錢該銀伍拾兩玖錢玖
分陸厘玖毫 本州學倉小麥壹百石每石
折銀陸錢該銀陸拾兩 二項支數在後

秋糧 原編新色正扛銀伍百伍拾柒兩叁錢壹
分柒厘壹毫陸絲柒忽捌徵後增遼有將
軍禄米銀捌拾陸兩叁錢叁分各項解費壹兩
伍分玖厘柒毫又議於州倉剩銀內扣銀貳兩

柒錢柒分玖厘伍毫低解福府茶價又扣銀壹
拾兩壹錢伍分玖毫低解院司道公費又扣銀
捌分壹厘玖毫捌絲解上荊南巡道吏承俸鈔
實徵銀陸百肆拾肆兩柒陸厘
捌毫陸絲柒忽捌徵例不優免

起運

京庫米捌拾石柒斗玖升肆合每石折銀貳
錢伍分該銀貳兩壹錢玖分捌厘陸毫每
兩原議京扛銀叁分滴珠銀壹分該銀捌分柒
厘玖毫肆絲肆忽共銀貳兩貳錢捌分陸厘伍
毫肆絲肆忽新議解官盤費每兩貳
分該銀肆分伍厘柒毫解　司拾解

撥運

楚府親王祿米叁拾壹石伍升陸合每石
折銀柒錢陸分叁厘該銀貳拾叁兩陸錢
玖分陸厘壹毫捌絲伍忽捌徵　將軍祿米壹
百肆拾石柒斗叁升伍合貳勺肆秒[illegible]銀
伍錢該銀柒拾兩叁錢陸分柒厘
二項新議解官盤費每兩貳分該
捌分壹厘貳毫解　司

壹拾貳石肆斗捌升叁合肆拾貳石陸斗陸升俱每石折銀伍陸拾柒兩伍錢柒分壹厘柒毫解府

存晋本州倉米玖百肆拾捌石叁斗肆壹勺肆抄奉文免徵併撥補州學倉米壹百叁拾叁石柒斗伍升八合壹勺陸抄外實徵米貳百玖拾貳石玖斗陸升陸合陸抄肆撮每石折銀伍錢該銀壹百肆拾陸兩肆錢捌分叁厘貳絲貳忽并前夏稅小麥折銀伍拾兩玖錢玖分陸厘玖毫共銀壹百玖拾柒兩肆錢柒分玖厘玖毫貳絲貳忽內知州一員歲支俸米叁拾叁石陸斗每石折銀柒錢共銀貳拾叁兩伍錢貳分州判一員米貳拾伍石貳斗吏目巡檢共叁員各米貳拾肆石所大使驛丞共二員各米壹拾肆石肆斗俱每石折銀伍錢共銀陸拾叁兩司吏叁名各米叁石陸升每石折銀叁錢伍分共銀叁兩柒錢捌分孤老捌名口各米叁石陸

斗每石折銀伍錢共銀拾肆兩肆錢通共實支
壹百肆兩柒錢剩銀玖拾貳兩柒錢捌分內扣
解福府茶價正扛銀貳兩柒錢柒分玖厘伍毫
院司道公費壹拾兩壹錢伍分玖厘上荊南
巡道吏承俸鈔捌分貳厘聽遇閏灾免及因糧
支給外長陽縣撥運夏稅小麥抵米除撥該縣
學倉外實存米伍百玖拾叁石六合每石折銀
貳錢伍分巴東縣小麥抵米肆百伍拾叁石叁
斗肆升伍合壹勺每石折銀肆錢又秋糧米捌
百陸拾石每石折銀叁錢通共銀伍百捌拾柒
兩伍錢捌分玖厘玖毫并長寧所本色屯糧壹
千陸百伍拾貳石壹斗叁升貳合聽支本所官
軍叁百伍拾玖員各以萬曆貳拾貳年實支數
烏率各支米不等共叁千壹百陸拾石[illegible]將本
色屯糧壹千陸百伍拾貳石壹斗[illegible][illegible][illegible]合蓋
支外尚該米壹千伍百柒石捌[illegible]
石折銀叁錢該銀肆百伍拾貳兩
厘外剩銀壹百叁拾伍兩[illegible]毫

收貯州庫聽本所遇閏支本州儒學倉米貳百捌拾伍石貳撥米壹百叁拾叁石柒斗伍升捌共米肆百壹拾捌石玖斗伍升捌合每石折銀陸錢除原議減免外該銀貳[illegible]叁拾貳兩叁錢柒分肆厘捌毫玖絲陸忽併前夏税小麥折銀陸拾兩二項共銀貳百玖拾貳兩叁錢柒分肆厘捌毫玖絲陸忽內學正壹員訓導貳員各米叁拾陸石廩生叁拾名各米壹拾貳石俱每石折銀陸錢共該銀貳百捌拾兩捌錢吏壹名并香燭米各叁石陸斗每石折銀叁錢伍分共銀貳兩伍錢通共實支銀貳百捌拾叁兩叁錢貳分外剩銀玖兩伍分伍厘收貯州庫聽遇閏災荒支用

丁糧

額派辦原編正扛銀壹百壹拾伍兩陸錢叁分伍厘壹毫肆絲肆忽新加各項解費壹兩壹錢陸分玖厘柒毫其新加福府茶價於州倉剩銀除扣解不派條編實徵銀壹百壹拾

陸兩捌錢陸分肆厘捌毫肆絲肆忽例不優免
丁三粮柒兼派

起運

北京藥味正價銀捌錢叁分肆厘叁毫柒
絲伍忽每錢京扛銀肆厘該銀叁分叁厘
叁毫柒絲伍忽新議解官盤費每錢貳厘該銀
壹分柒厘叁毫虞衙司料銀肆拾叁兩陸錢
陸分陸厘每兩京扛銀玖厘該銀叁錢玖分貳
厘玖毫陸玖絲肆忽新議解官盤費每兩貳分該
銀捌錢捌分壹厘壹毫坐派光祿寺甲丁庫
供應等銀肆拾伍兩每兩京扛銀貳分該銀玖
錢新議解官盤費每兩貳分該銀玖錢壹分捌
厘澇府茶價銀貳兩柒錢貳分伍厘新議解官
盤費每兩貳分該銀伍分肆厘伍毫福府茶價
銀貳兩叁錢貳分伍厘縣倉剩銀內扣不加
派綾紗紙價銀貳拾壹兩肆錢[illegible]
毫伍絲玖忽捌微叁塵候部文
不必每
年帶徵

撥運

曆日銀壹兩玖錢陸兩捌錢伍分科舉[illegible]

厘三項新議解官盤費每兩貳伍分伍厘玖毫解司淺盤銀捌

加運木盤纏每兩肆分該銀叁錢貳分肆毫給木户經紀領用

户口

原編正扛銀貳拾陸兩貳錢貳分伍厘陸毫陸絲肆忽伍微壹塵貳纖新加解費銀

貳錢柒分陸厘捌毫新起復府欽銀叁拾陸兩貳錢捌分捌厘抵編石首縣額派建平驛馬價

八驛傳款內派徵實徵銀貳拾陸兩伍錢貳厘肆毫陸絲肆忽伍微壹塵貳纖例不優免人丁

內派

起運

南京户口鈔本折正扛共銀貳拾伍兩壹錢陸分伍毫柒絲捌忽伍微陸塵以貳年

坐壹閏每年帶徵閏銀捌錢叁分捌厘陸毫捌絲伍忽玖微伍塵貳纖新議解官盤費每兩貳

分該銀伍錢叁厘貳毫解
司搭解

驛傳

原編銀肆百伍拾壹兩肆錢新加長沙逓
運所座舡水夫壹名銀柒兩叁錢貳分新
改戶口項下起復府鈔銀叁拾陸兩貳錢捌分
捌厘又改均徭項下柴薪民校馬夫等銀陸拾
伍兩貳錢俱抵編石首縣額派建平驛馬價捌
款派編實徵銀伍百陸拾兩貳錢捌厘除優免
外稅粮
費派

撥運

長沙逓運所座船水夫壹名銀柒兩貳錢
帶閏銀壹錢貳分聽學道座用本州逓
運所夫捌拾伍名每名銀陸兩帶閏銀壹錢除
派監利興山貳縣編協柒拾伍名外[illegible][illegible]實編
夫壹拾名共銀陸拾壹兩建米驛[illegible][illegible]每
疋銀叁拾兩帶閏銀伍錢又零銀
壹錢叁分叁厘叁毫共銀壹百[illegible]
叁分叁厘叁毫原派太[illegible]

經歷吏月王官柴薪銀廣元[illegible]
額泒建平驛馬價銀共壹百零壹
捌厘扗夫叁拾貳名每名銀[illegible]
錢又零銀肆兩帶閏銀陸分陸
百玖拾玖兩貳錢陸
分陸厘柒毫給領
民壯
原編陸拾名銀肆百叁拾玖兩貳錢今無
增減除優免外丁三糧七萬泒
擬運
標兵壹千名每名銀柒兩貳錢帶閏銀壹
錢貳分共銀柒百柒拾叁兩貳錢解府
給領
存留
應役伍拾名每名銀柒兩貳錢帶閏銀壹
錢貳分共銀叁百陸拾陸兩內本府理刑
廳肆名徵銀解給州判貳名巡捕吏目叁名本
州走差肆拾壹名給領不許覔自支
吹鼓手
內巹應於

均徭原編除州學文廟啓聖等祠并山川社稷郡厲壇厲公祠祭祀及鄉飲共銀玖拾玖兩伍錢於本州商稅銀內支辦外實編銀壹千壹百陸拾伍兩柒錢壹分伍厘捌毫新減建平驛舖陳庫子銀陸兩壹錢又減本州庫子銀肆兩豐積倉斗級銀陸兩陸錢捌厘叁毫新改長陽王典膳柴薪銀壹拾貳兩肆錢廣元王民投銀貳拾肆兩本府照磨馬夫銀肆兩施南宣撫司經歷柴薪銀壹拾貳兩肆錢鎮南長官司吏目柴薪銀壹拾貳兩肆錢伍項俱抵編石首縣額派建平驛馬價入驛傳數內派徵新議各巡司弓兵工食內扣銀壹拾柒兩陸錢解作分巡道標兵衣械實徵銀壹千捌拾叁兩捌錢柒厘伍毫除優免外丁三糧七兼派

擬運湘府享祭銀檯兩捌錢叁分府守備太監皂隸壹名銀[illegible]

閏銀貳錢分守太和山太監[illegible]

兩貳錢帶閏銀壹錢貳分

拾伍兩　本府皂隸伍名[illegible]壹錢弍銀叁拾兩伍錢內撥與府
名儒學齋夫伍名每名銀壹拾[illegible]兩帶閏銀貳兩　建平驛館夫貳名
兩帶閏銀捌分叁厘叁毫共銀壹拾兩壹錢陸分陸厘陸毫

存畱

本州柴薪捌名每名銀壹拾貳兩共銀玖拾陸兩帶閏銀叁兩貳錢內知州肆名州
判吏目各貳名　馬夫叁拾名每名銀肆兩共銀壹百貳拾兩無閏內知州州判吏目各拾名
門子肆名每名銀伍兩帶閏銀捌分叁厘叁毫共銀貳拾兩叁錢叁分叁厘叁毫內知州貳
名州判吏目各壹名　皂隸壹拾捌名銀壹百零貳兩帶閏銀壹兩柒錢共銀壹百零叁兩柒
錢內知州壹拾貳名每名陸兩帶閏銀壹錢州判肆名吏目貳名每名伍兩帶閏銀捌分叁厘
叁毫　禁子肆名每名銀玖兩帶閏銀壹錢伍分共銀叁拾陸兩陸錢備辦刑具監簿收置紙

張審錄旗牌解四盤纏查盤造冊工食等項支用庫子銀貳拾兩內應役壹名工食銀柒兩
貳錢帶閏銀壹錢貳分餘銀壹拾貳兩肆錢捌分抵作公堂油燭猩紅筆墨印色茶果填報循
環查盤造冊紙張工食等項支用預備倉斗級壹名銀叁兩陸錢帶閏銀陸分孤老捌名
口每名口歲給布花銀叁錢共銀貳兩肆錢遇有開除扣銀貯庫候新收支給以充加編儒
學齋夫陸名每名銀壹拾貳兩共銀柒拾貳兩帶閏銀貳兩肆錢膳夫陸名每名銀壹拾兩
共銀陸拾兩無閏文廟二祭銀肆拾兩啓聖祠二祭銀柒兩名宦鄉賢二祠各共銀柒
兩山川壇二祭共銀壹拾貳兩社稷壇二祭共銀壹拾兩郡厲壇三祭共銀壹合貳兩
屈公祠端陽祭壹兩伍錢[illegible]每名銀伍兩帶閏銀捌分叁厘叁毫共[illegible]
伍錢捌分叁厘內看守文廟明倫名教官肆名祭品庫子壹名

捌两歳貢盤纏銀貳拾貳两伍錢以上壹拾玖項俱徵銀入庫支給看守門子叁名銀陸两捌錢帶閏銀壹錢壹分叁厘叁毫共銀陸两玖錢壹分叁厘叁毫内分司舖舘貳名每名銀貳两肆錢閏銀肆分九灣公舘壹名銀貳两閏銀叁分叁厘叁毫迎送皂隷貳拾伍名每名銀伍两帶閏銀捌分叁厘叁毫各巡司應役弓兵貳拾貳名俱每名銀肆两帶閏銀陸分陸厘陸毫共銀捌拾玖两肆錢陸分伍厘内南邏口壹拾貳名牛口壹拾名各舖司兵徑編貳拾柒名銀壹百壹拾柒两帶閏銀壹两玖錢伍分共銀壹百壹拾捌两玖錢伍分内州前茅坪周坪花橋夏邏譚家陸舖各叁名每名銀肆两閏銀陸分陸厘陸毫仫灣荒口石門三舖合叁名每名銀伍两閏銀捌分叁厘叁毫以上肆項徵銀給領

里甲原編銀壹千壹百柒拾玖两叁錢貳分今無增減除優免外丁三糧七排夫壹百

壹拾名每名銀柒兩貳錢帯閏銀壹錢貳分除
監利縣編協杠夫陸拾名外本州實編排夫伍
拾名通共銀叁百陸拾陸兩內本州應後陸名
走差壹百肆名俱徵銀給領　脚馬肆拾匹每
匹銀貳拾兩帯閏銀叁錢叁分叁釐叁毫共銀
捌百壹拾叁兩叁錢貳分俱給走差徵銀給領
　公費原編銀貳百壹拾陸兩陸錢伍分陸釐
新加院　司道公費壹拾兩壹錢伍分捌毫伍
絲貳忽玖微壹塵捌纖柒渺議於州倉剩銀內
扣辦不加派新減鋪陳銀伍兩捌錢刷卷銀壹
兩實徵銀貳百玖兩捌錢伍分陸厘例不優克
丁三糧七萬派　本州進表三次每次撰表
生員紙劄工食銀貳兩箱单袱匣咢銀叁兩差
官盤纏銀貳兩共銀貳拾壹兩　朝賀習儀朔
望行香紙燭銀陸錢　修理　龍亭、銀貳
兩　本州應　朝覲盤纏正佐律
貳拾伍兩該吏壹拾兩造冊紙劄
通共銀捌拾壹兩叁年壹次每

兩分司府館叁處各用紬紗
兩緞褥三副銀叁錢皮涼座叁塊
珠盒筆架三副銀肆錢伍分拜氈
陸錢什物銀伍兩黃絹傘貳把銀
貳把銀貳兩肆錢雨傘肆把銀肆錢通共銀壹
拾伍兩玖錢玖分二年一置每年該銀柒兩玖
錢玖分伍厘　上司往來預備素轎二乘銀叁
兩轎輓二副銀壹錢三年一置每年該銀壹兩
叁分肆厘　新加　院司道公費銀壹拾兩壹
錢伍分捌毫伍絲貳忽玖微壹塵捌纖柒渺議
於州倉剩銀內查照原行派數分解各衙門不
另加派條編　按察司紙劄等銀捌兩　分守
道供應銀壹拾貳兩　分巡道供應銀叁拾壹
兩陸錢壹分　提學道歲考科考生童合用試
卷供應給賞等項每年派銀貳拾陸兩臨期扣
銀叁兩協濟江陵縣搭廠外除扣算實用銀數
造冊申學道　印發本州存照　本府公費銀壹
拾壹兩肆錢　會試舉人如遇新中每名給長

关銀貳拾肆兩暫於備用銀內扣支次年照名
加編　嵗貢生員正貢盤費除徭編外花紅旗
匾酒席銀捌兩正陪貳名赴考脚力銀各貳兩
伍錢共銀壹拾叁兩肆并叁貢每年該銀玖兩
柒錢伍分新例州學七年通選每生給銀陸兩
臨期於剩銀內支給不必另派　科舉生員以
捌名為率每名盤纏銀叁兩花紅銀玖錢酒席
銀壹錢共銀叁拾貳兩三年一次每年該銀壹
拾兩陸錢陸分柒厘　門神桃符春牛芒神花
鞭酒席門印封印牲醴香燭等項每年該銀四
兩　知州緞紗圖裙貳副青絹傘兩傘各二把
油絹兩裙棕兩裙各壹件砝盒筆架二副共銀
伍兩州判吏目青絹傘兩傘各壹把土絹圖裙
砝盒筆架各一副各銀壹兩叁錢通共[illegible]柒兩
陸錢俱一年一換迎送高提燈籠[illegible][illegible]　[illegible]
　州堂燈籠夫肆名每名銀壹
兩貳錢　州學教官三員各馬傘
壹拾伍兩　供應銀壹百[illegible][illegible]

縣編協建平驛夫應銀內扣辦
實編銀壹百壹拾伍兩今無增減
三粮七莫派供應往來上司過
廩給口粮小飯下程中火紙劄文際
支用有餘搭入備用項下湊文借風驛陸拾
陸兩今無增減例不優免丁三粮七莫派加遇
番驗造冊咨應卷箱扛架鎖鑰白牌上司經舘
扶案吏書飯食正官新任行香講書給賞新進
學花紅憲綱紙劄工食及五年一次恤刑公費
等項館期動支并歲考科考甬學生員花紅盤
經聽期支給脩理文廟銀伍兩并各衙門舖
合倉廒本州頭一門等項事請動支修理城垣
銀壹拾陸兩本州季考銀壹拾貳兩并於歲
考銀內共扣伍兩解長沙府聽提學道紙劄
油燭支府本州正官明轎銀貳兩伍錢暖轎
連絹圍銀肆兩伍錢冬夏座褥銀貳兩轎輓肆
副銀肆錢執事壹副銀壹兩貳錢新任支一次
每年修整銀貳兩仍事难逆料或數難預定或

前銀用盡俱推此項奏支

湖洲雜課

原編正扛銀壹拾陸兩陸錢柒分捌厘貳毫肆絲柒忽漁戶辦无增減

起運

黃麻正銀玖兩柒錢玖分肆厘柒毫叁絲每兩新議京扛銀玖厘該銀捌分捌厘壹毫伍絲叁忽過閏加正扛銀柒錢叁分玖厘貳毫

熟鐵正銀貳兩貳錢捌厘捌毫每兩新議京扛銀玖厘該銀壹分玖厘捌毫捌絲遇閏加正扛銀肆錢叁厘叁毫

線膠正銀肆兩五錢貳分伍厘玖毫伍絲每兩新議京扛銀玖厘該銀肆分柒毫叁絲肆忽遇閏加正扛銀貳錢伍分伍厘叁毫陸絲解

司搭解

雜課撥運

路府門攤銀貳拾玖兩叁絲叁忽新議加扛銀

毫例不優免丁粮內派解

府府潞府委官額解

商稅 新難地方出辦

存畱 本州商稅銀兩數難預定每拾柒兩伍錢買辦儒學文廟祭[illegible]祭品併鄉飲支用餘銀登報償環作正支[illegible]班匠無攢造[illegible]黃二冊紙劄工食近議於稅贖銀內肆陸無支不許科泒小民一本州雜任修衙置辦什物銀正官貳拾兩佐貳首領教官各捌兩巡撿倉官遞運各叁兩俱動支本州月報自理贖銀如有不數許於庫貯無碍官銀申請動支不許用里甲修辦以致科飲一到任陞任合用祭門豬羊香燭公宴酒席等銀正官肆兩佐貳首領教官各貳兩一公堂日用并六房紙劄每月銀叁兩佐貳首領各艮伍錢二項俱動支本州月報自理贖銀礼房吏買辦不許泒及坊長里甲

以上賦役項款俱查明崇禎間全書所載以備考核損益今惟照墾荒耕熟田地徵收不

過十分之
一二而已

典禮誌

朝賀

本州例應

朝覲正佐首領舊有額設盤纏詳載賦役

本州例進各節

表文舊有額設工食盤費詳載賦役

朝賀習儀朔望行香舊有額設編銀詳載賦役

龍亭儀仗舊有額設編銀詳載賦役

祀典

文廟春秋二祭　啓聖祠春秋二祭　山川壇
二祭　郡厲壇春秋冬三祭　屈公祠端陽祭
春秋各二祭
以上祭須舊有額設編銀詳載賦役
鄉飲每年二次舊設有編銀詳載賦役　科舉生員以八名為率每名花紅酒
席盤纏舊設有編銀詳載賦役　歲貢生員酒席花紅旗匾舊設有編銀詳載賦
役　新中舉人每名折長夫舊設有編銀詳載賦役

俗尚

州人耕讀樵魚者相半以商賈鮮積蓄冬春之

月多採蕨粉以補食之窮信鬼尚巫在市等肆
里易催科惟龍城一里近土司頗有負逋四時
節序生死婚姻大同小異
立春各行力結扮故事遊遶街衢遠近士庶遊觀元旦彼此往來拜賀晋飲
上元各張燈放爆為樂或有男女夜遊謂之走百病清明各家設祭掃墓間有士庶
携酒踏青端午户插蒲艾酒飲雄黃各水口備有龍船一隻州守紳士至屈公祠前觀競
渡重陽飲茱萸酒亦做古登高臘月二十四日掃塵祭灶除夕
家家換符貼對敬天祭祖親戚朋友[illegible]食交相餽送是夜老幼圍爐聚飲[illegible]
者謂之守歲婚姻男女多係十五六歲禮從簡畧[illegible]

男女凡生三日有湯餅會至周任彼自取一物以覘其後至於男環屍飲酒徹夜唱喪歌爲哀至棺出日方止

聲音

地雖彈丸鄉音多異有地名茅坪與地名麻衣荒相近人多強項有山陝夔沱南岸二處有魚兒菜子柴兒火子之聲餘俱稱平焉

人物誌

名賢

屈到 字伯庸楚武王子瑕之後食采於屈因氏焉惟嗜芰館卒曰祭我必以芰

屈原 名平字靈均伯庸之子仕楚為司徒懷王壽命原造憲令屬草未定上官大夫心害其能見而欲奪之原不與因讒曰王使屈大夫爲令衆莫不知每一令出原伐其功謂非我莫能爲也王怒被放焉後屢諫懷王而終不悟以至行吟澤畔懷石投江羅而死有離騷經傳世

嚴植之 少善老莊精詳喪禮孝經論語及長編輯周易毛詩左氏春秋性惇謹不以用長髙人梁天監中兼五經博士生徒遷中撫記室參軍

忠孝

呂調元故明千戶也遇闖賊八□□降元明獨率義勇與賊次闘重圍賊招之降罵不絕口云但烏臣此頭何足惜遂亡於乱卯不明天啟時人父母俱病璠割股救愈楊州守申院旌奬有至孝通天誠孝達天之匾

名媛

王墻字招單後改明妃秭歸人書傳詳載甚多故不復贅

節烈

曾氏胡憲之妻年拾柒歲夫亡守節遺子胡文煥教養成名任達州同知年七十餘終奉旨旌表今存有坊

流寓

宋玉楚人屈原弟子憫其師放逐作九歎哀之并有神女爲唐諸賦傳世
王果唐雅州刺史過州有歎隨遇王果之句
杜甫入蜀過州有詩
王十朋宋夔州刺史有吊屈原詩
二僧明弘治間過州問其姓名不答强詰之亦不言姓名後各題一絕不知所往
鍾惺明四川提學過州有詩
滕毅過州有詩
劉儼遊玉虛洞有詩
喻大壯遊玉虛洞有詩

科名

故明
韓廣成化間人始名韓文廣有人言天上迎進士廣問曰有韓文廣否其人遂答曰無韓文廣止有韓廣人遂去文字止名廣果中進士初
王朝賓舉人
周之彥舉人萬曆、

康泰舉人任漢州知州
文達齋舉人知縣陞[illegible]
萬景舉人平陽府同知
王復舉人歷官御史
鄭澤
彭宦貢生朝宜縣教諭
梵鑑貢生慶遠縣知縣
王廷試貢生烏程縣縣丞
郭儼貢生鎮藩衡州同知
何思貢生趙州知州
鄒士彥貢生黃州府訓導
梅元理貢生招平縣知縣
王明試貢生茶陵州學正
胡文煥貢生達州州同
陳士彥貢生黔陽縣教諭
喬岳貢生晏昌縣主簿
喬遷貢生天長縣縣丞
陳舜道貢生泰安州州判
喬可俊貢生欒江縣教諭
王心正貢生簡州州同
彭益泰貢生應城縣教諭
袁象坤貢生井州州判
向英貢生西華知縣
熊春宇貢生新野縣教諭
望之稷貢生

皇清

汝州州判唐經孝　貢生冊縣教諭　徒喬選　貢生泗州州同　趙子文　貢生

嘉興府教授林喬　貢生雅州知州

科名

王文蘇　貢生靜寧州州判　杜右苓　貢生通道縣訓導　黃承乾　貢生

榮澤縣主簿周宣旦　貢生　向斗星　貢生

將材

王誕　處鄉仁厚居官清嚴任石峽營副將告致　王鉛　福[illegible]

營副將龔居爵　泉州府參將　羅萬里　[illegible]

將

王文純 薊鎮副將

焦拱茂 山西[illegible]關參將

涂啟明 濟寧都司

王士質 撫州守備

土產誌

麥屬

大麥　小麥　蕎麥　燕麥　米麥

穀屬

稻穀　粟穀　高粱　黑黍　白黍

菽屬

黑豆　青豆　黃豆　菉豆　豌豆

眉豆　虹豆　刀豆

蔬屬

韭菜　葱　蒜
萵苣　南瓜　東瓜
青菜　芫荽

果屬

李　杏　桃　梅　栗
梨　柿　橙　核桃　白菓
石榴　枇杷

藥屬

前胡　杜仲　烏梅　牛膝　蒼朮

桔梗　厚朴　大黄　木通　黄栢
赤芍　天冬　天花粉　麥冬　常山
天麻　地榆　紫草　細辛　苦参
牵牛　青皮　枳壳　南星　半夏
蒼耳子　薄荷　丹皮　五加皮

花屬

蠟梅　白梅　紫荆　桂花　蘭花
枝子　萱草　木香花　芍藥

木屬

松 栢 杉 楓 槐

桑 柘 櫪 桃

水族

鱘魚 鰉魚 鯖魚 白魚 鯿魚 鱤魚

鯉魚 鯽魚 鮎魚

文藝誌

銘記

重修州治記

歸州古丹陽地歷代沿革不同迨至洪武初間始復為今名上屬荊郡下隸興巴二邑實楚蜀咽喉重地也舊治即今城宋端王始徙江南夔沱又徙新灘又徙南浦洪武初徙丹陽四年徙長寧亦在江南楚王臺下與千

元年州守曾大光正統五年，

州守鍾毓奠讚趙章王錫汪

嘉靖四十年夏久雨陷裂城舍

墊溺之患古來所未有也是年州守鄭侯奉命

初至目擊斯土猶已溺之晝夜焦思弗遑寧處

乃諮輿論察地形躬率吏民父老謀遷江北

舊治白諸當道咸可其議時災傷之後閭閻蕭

條竭藏空之公私俱困興茲鉅役又勞不可已

衆方難之鄭侯乃多方區畫募義勸工動以至

誠衆既欣悅有子來之義侯又親自經理其間

一木一石胥因 其舊而轉移之經始於 酉落
成於甲子有堂廳以視事有倉庫以司儲有祠
宇以奉神有衙舍以居處門樓鋪遞學校公署
煥然一新井給市廛秩然改創而一時當道往
來咸有即次之安視舊治在江南蓋平衍昭曠
而棟宇之餙公給之備又皆昔所無者歷灘沱
而踰巓坂至斯乃若歸焉未有不嘖嘖稱賢者
侯之功不其偉哉雖然新建州治以[illegible]乎
侯一時之仁也今觀侯之憲殆[illegible]

余談秭歸之險不獨為荊蜀咽所時以抗西南者歸實為一鎮藩表則舳艫橫江冠蓋相望四接重夔北通樊郢不待鐵鎖斷流而國勢自壯故既遷今治即築土城次第興修以設地險又慮長寧守禦所越在江表議圖從在城為其識遠矣侯舊為廣文余按虔臺時已知文行卓然抱負不群今守是州甫下車之初當寇珍之後削道傍之儀建難成之功而又慮遠憂深纂修州誌以垂久遠有古

國士之見眞儒丈夫也民方立祠祀之異時稱良吏者無出後右余故樂為之記嘉靖乙丑孟春知州鄭喬判官葉汝問吏目李珠賜進士出身奉議大夫巡撫雲南都察院右副都御史前翰林院庶吉士今歸田荊湖郡人曹忭撰

歸州題名記

秭歸者夔之巖邑也自唐以歸名州而國家因之為荊楚下屬司牧者益難其人云帯山峽輿巴而容美施建諸險

龍城後里放類雜處禁綱闊疎
制難齊民無蓋藏稍耕食石因荒菁[illegible]轉
而緣南晦郎蜀緜枲織文塩鐵之利建瓴而下
不泊於湍瀨罔克胥以治生則徵會難楚蜀冠
蓋往來繹騷項背相望有司者爲餙厨傳輿馬
治供張日不暇給無殊九達之逵則運用難天
下幸而無事郎叢爾彈九長人者若無所用之
藉令一旦有急赤伋之丘亦峭踁尋常之流皆
天塹矣顧奈何以西南列郡之門户介楚之一

隅爲可忽耶故司牧者誠難矣歲丁丑四明楊侯之來守也既思其難考郡之故而問政焉乃問謂余曰甚哉秭之多缺也郎吏蒞土者孰不勉能其官而名氏猶不可知其何有於政矣余乃爲之稽郡誌訪遺老得國初以來州守若干入州判吏目又若干人僅存其爵里名氏鐫諸石則瞿然而慨夫蓽輅藍縷以除楚菑南國卉棠詩稱蔽芾君子所爲殫力攄志因[illegible]急其何意於後世之有述也迺廿[illegible]

炳炳不少梟息時民怙恃於是下
之賢不肖舉歸之適然之数以爲苐不主上
之視吏亦不啻旅次之出客未幾而影響銷盡
即長老已不能口授諸子孫況孰知其爲尸而
祝之者乎又孰知其爲指而嘸之者乎是咸非
所以示鑒也 即觀上世虞丘含而叔敖庸上官
尊而屈平逐蘭蒞菉薋祺施亡當其於善敗與
壞之故可覩鏡矣故馬不必擁軸要之濟足木
不必赦乘要之中墨夫欲靖民固土先事弭患

稱蒸蒸吏治能勝其任而輸快詐者他術哉何以守險曰人何以聚人曰財自孔門論政亦必首兵食足而民信昭甚不得已不敢去一故善爲政者毋使至於不得已也其惟在撫循愛養哉其惟在撫循愛養哉諺有之不習爲吏視已成事後來者考德論世察操縱之所究審名實之所歸斯亦得失之林已昔曰盩厔其故事已爾非楊侯意也因相與勗之而附於

年戊寅春三月望知歸州事許

士弟判歸州前南京大理寺左賓撰

修黃魔廟碑記

州西二里許古蹟吒神廟州誌載云宋寇萊公舡到吒灘漩溺有神現身躍出水面謂公曰以公有大位特來相救公問何神答曰我黃魔神也萊公奏請於朝勅封黃魔顯濟侯廟宇自宋以來年久傾頽失修廟前有名吒灘亦名人鮓灘入川險道春夏水泛盈滿鼓浪翻叓漩如鬥

沸過往官商船隻卽輕舟快楫誤落波心十無一全逐年壞船死者不可勝紀州官逓年募人撈屍市義塚而瘞本州抵任目擊惻傷與其撈瘞於既死孰若拯救於未然乃捐俸贖造救濟船二隻且建廟塑像巍然顯應焉本年五月有木排行船先陷於漩已救活二十餘人六月後有船復陷漩中一船五十餘人盡行救活未損一命則神有憑依建祠之有益於民蒸嘗於以祀神爲民祀也不無補

崇禎三年孟夏吉旦知歸州事[illegible]

明書

清烈公廟記

蓋歸州清烈公廟記者記廟之新作也按職方乘原名平與楚同姓拂歸人仕楚懷王襄王以讒放自沉汨羅有離騷二十五篇元五卷傳於世舊宅在今州治西十里江之北唐元和十五年刺史王茂元始創卜祠宋元豐三年封清烈公邦人為立廟迨至泰定初州丑王悉哥里不

花嘗修之久而撓圮無以安靈將遂湮廢至正壬午郡長寶兒可馬始議新之出廪禄以倡勗者雲合議既定江忽暴漲巨樟蔽中流而下募善水者致之得栢木數十大者以爲梁棟小者以爲榱桷門堂寢空咸資其用堅貞椎壯文理芳潔於神居甚宜民歡呼曰我侯與土木財不傷民不擾神諭鬼運陰或相之湖北道僉憲耶律恒齋公按部聞而嘉之俾予書其事

公事君盡忠死而不貳卓然並於

夷齊千百載僅一二見其所述亻
諫修辭以明仁義當風雅三變之餘
鈞之重世所不可少也雖無上公之命祀典其
可缺乎歷而主之以爲憑依之所因求神之道
也今三峽居民生理解少催科日有不給而使
於是邦乃能不役一民百廢具舉可爲難矣於
○法應記既載其年月終始復爲迎送神辭各一
章以遺其鄉人俾歌以祀焉迎神之辭曰峽之
山兮虎豹藏峽之水兮蛟龍蟄神陟降兮在帝

傍芰荷衣 兮芙蓉裳龍鳥官兮具烏闕珠樹白
兮上明月桂醑陳兮蕙肴設帳夫君兮久離别
江雨過兮生蒼苔蘼蕪香兮杜蘅開歎逝者兮
無息忽秋去 兮春來送神之辭曰雲悠悠兮下
微風蘋花開兮雪濛濛蒼崖中裂兮岷江通靈
之來兮如龍庖何為 兮擊鼓魚何為兮在户世
混濁兮不可語我將之兮帝所秋水上兮階閣
瓊筵散兮落花閒鳳凰忽兮高舉芳[illegible]足
山元至正四年奉訓大夫湖廣等處

撰文

重修三閭大夫祠記

三閭屈大夫故秭歸人秭歸今歸州也州人既祀大夫於學宮矣城東五里許復有專祀大夫祠不知其起於何時歲久日就傾圮雅不稱崇奉珠絕人物初意萬曆丙申秋華翁孫公來守茲土謁大夫祠惻然憫焉思欲修之顧州土敝水煩材力無出乃銖積錙累無日不為修祠計儲之一年凡既備矣值公將以遷職行未及也

而孚史龔公以按晉都回蜀過大夫祠爲詩八
章吊之因以祠事叮嚀於公公乃出其所備錢
凡若干緡付晉民王一正等董其事令回且訖
功正等奉命惟謹乃取材於良鳩工於巧救護督
率不間朝夕於是陁隕者直滲漏者葺毀缺者
完漫漶者飾不三閱月祠宇一新而褰帷之服冕
至矣觀之喜甚卜吉蒞牲醴酒告成於大夫之
神而韙公文過歸往按八桂者赴朝上
喜甚公遂以大夫之服與龔公

以樂之州幕戴君磨石命穩事
節卓行前入論之詳矣奚俟贅獨耶
謂其忠而遇致堂胡先生謂其智斯下皆執微
箕以議比干也夫宗臣於君為微箕易爲比干
難大夫不難其難以明志又胡為而議之程子
曰入當於有過中求無過不當於無過中求有
過二先生不免於無過中求有過非確論也詩
有之我生之初尚無爲我生之後逢此百罹尚
寐無訛此大夫之心也論大夫者當於是詩也

觀之而宋儒又謂騷辭多怨夫情激於中辭洩於外容有似之者然怨其言則必仇其君仇其君肯爲其君死乎大夫之死爲懷王之不返死也爲襄王之昌被死也而其怨安在哉是又不諒大夫之心者也愚素欽大夫之爲人因表大夫之心焉 公修祠之巔末而併記之俾觀者知所考焉孫公名鶴年華峯其號也遼陽人善政善教更僕未易數修祠其一也龔人之長壽人州倅莊君名若山[illegible]

名廠鳳之常州人司訓蹇君名立
褒君名威如襲之棗陽人同觀廠成
萬曆戊戌季秋吉旦儒學學正八公山人胡穩
撰

修治空舲峽記

知歸州吳守忠一日以書抵其友人敖文禎曰
州治介在楚蜀蜀江導汶會衆流下三峽建瓴
萬里而荊郎受其樹湍洄漩波相激鬭備極險
狀而隸歸之左險者烏通林通林即州業所誌

空舲峽為三峽之一曰空舲者言舟舲至此必空載而後敢涉也峽中流障一大石大石左下三石連珠峙伏水中土人又號曰三珠石舟行必由大石左旋梹柁右轉即接三珠毫釐失顧舟摩石上遂糜解而下可措手足舟人往往相戒叵測而居民漁子亦賴惡少反伺其貨賄漂溺以為利藪上之人有所不聞或謀而報罷今代巡紫亭井公來按全楚鏟奸剔蠹利所當興纖鉅畢集迺慨議修

率郡若州之二長倅親行相度[illegible]
之事計石之當鑿有為丈三百六十丈[illegible]
日六十人各四旬有五日計費一切攻治之具
與食力之直百五十金珠石既平峽流安軌舳
艫啣尾上下謳歌允宜客之往來商旅之出入
稱利涉而史於茲土者亦得藉以免於下戒之
虞苦之空船今為通船矣史氏其書而鑱之石
庶代巡公之烈並此江流永永也余受書而讀
之伏而歎曰茲峽之險非一日也其所記於今

昔舊矣豈莅官者獨所不聞哉夫以四旬之勞百數十金之費而除積險以貽永賴之利亦何憚而不為乎馳騖名高者不肯為屑越細故者不能為因循期會者不及為觀望者以前之人卒不為而亦莫之為天下事其當為而不為以流害若此類者何可勝數直指之巡楚也首懲貪墨重正風俗使轍所至周爰楚境歲當大祲一州一邑窮鄉待哺之氓無不指授其為此也何有方今四方水旱

書使在事者皆蚤計利害摘
何至見事而圖急而後追已往之咎
余同師舉於鄉又同舉南宮有同心之誼故因
歸州紀其功而書之如此至若鐫銘荊水之上
以與羊叔子杜元凱諸人相後先爲名重則在
指之澤深而厚自待者當不止此也萬曆庚寅
秋九月吉知歸州事高安吴守忠賜進士第翰
林國史檢討徵仕郎敖文禎嘉猷甫譔

重鑿新灘碑記

夫蜀之瞿塘灩澦自古記其險每讀•文如象馬之語為之膚慄髮指天啓甲子奉璽書備兵荆南行部歸巴始從陸往山高谷深已不啻如羊腸鳥道歸而命舟則溪狹湍急礁石林立如拽灘叱灘搠灘空舲灘者舟觸之即碎而其中尤險惡者則莫如新灘見新灘知瞿塘灩澦非險矣灘蓋崩賫崩於宋天聖中至梗來往舟楫皇祐三年知州趙公誠始為開鑿舟檝百年後明嘉靖壬寅灘復崩花

靈於此僊有止恐新灘換舊灘云為從居未幾而上沱下沱果相繼崩甚往來者必盡其舟轉展跋涉艱辛萬狀而卒莫可奈何余宿此境夕聽怒濤如雷至不成寐晚起同州守楊君英視其狀則大石橫亘水愈東而流愈急舟上則虞激下則虞溺余沉思久之因呼石工授以意俾鑿石如盂聚煤若炭其中燃之已迺以醯如此數四大石立碎中間險石有名黃板石乾魚石豆子石點燈石者悉去

其銳無遺八十餘年畏道忽若坦途行旅咸快
嗟乎天下豈一峽爲然哉漢儒班固有言顧力
行何如耳哉斯言可爲集事之鵠假令此石必
徼靈於仙掌則終當為梗險又不在瞿塘灔澦
矣是役也余始之而終其事者則州守揚君州
倅揚煥文則董厥功云旹天啓甲子之冬十月
越一年余被西川之命因援筆誌其歲月授揚
君鑣之石揚君名奇珍廣東之新會
者元天啓乙丑嘉平月旦　湖曾

司分巡上荆南道僉事雲間

皇清建造各記

建學碑文

道德一而風俗同，教化行而人文盛。古者建國君民，教學爲先，故家有塾，黨有庠，州有序，國有學，於以扶世道、正人心，甚重也。自後世不明此義，往往視爲末務，而風不逮古，有由然矣。荆屬秭歸郡，原古丹陽地，上通巴蜀，下達荆襄，岷江東逝，巫峽環峙，山川雄峻，人物多所。屈宋兩大夫皆挺生於此，不獨忠

冠亦且詞賦爲文章之祖厥後之
相望自昔素稱名勝爰考當年江南之
雖經屢遷學宫盖極壯麗云沿及明季闖獻餘
孽憑恃險阻盤踞其中城郭丘墟士庶散亡煌
煌
聖殿鞠爲茂草教泥不行以致入文寥落科第亦
遂解少
皇清定鼎二十餘年始克削平禍亂　州守曹公
適來茲土滿目蕭然感慨横集思欲起而振興

之甫下車即爲闢蒿萊建草殿具祭祀招徠流
離士子以次漸歸至戊申春人民既已樂業盜
賊既已哀息政事既已和理乃復捐囊金鳩工
庀材謀所以改創焉大啓
文廟於前更建明倫堂於後且有堵墻以相環衛
栅欄以辟行遊其規模洪敞焕然改觀一時諸
生咸得以時課習其間彼都人士未有不蒸蒸
慕義者　公之有功於名教豈其微哉
公有云民之生也不用力乎田疇

樂之際不在於其家則在於庠序見無非仁義則弗遷於外誘況歸郡之後其去王化爲尤遠使非明正道以導之則詩書之氣無由而作忠義之心無從而生俗何由淳風何由古今爲之謹其庠序申以孝弟安知文教既行之後寧無如屈宋其人復起而炳耀史冊者至於科第接踵觀光 上國又所不必言矣斯地之人文復盛將在茲乎是知公之興利除弊救溺扶衰綏又一方者數世之仁也若

其建學明倫助流政教絕惡於未萌起化於微眇使民日遷善遠罪而不自知者則百世不刊之澤也於以上副

天子臨雍重道之意下昭壽考作人之恩端風尚而登隆古可日竢耳之以乙巳秋司鐸學宮目擊廢興見往者之如彼近事之如此故樂為之記用以彰

州守曹公之德又勉茲多士焉

皇清康熙柒年歲在戊申秋月[illegible]

達拜手書

重建屈公祠記

余少讀史傳則知古今多英奇瑰瑋之士而楚惟清烈公為稱首當其仕楚也信而見疑忠而被謗輾轉憂思憶王之一悟而不可得遂沉淪以歿其居心行事可與日月爭光昔之人已詳哉其言之矣余不復贅聞嘗慕其為人特立獨行每欵訪其故里慰吾景仰初心及長官於楚之沔州以地隔越且限於職守不[illegible]拜禮焉迨至己酉歲適遷秭歸智

得償所願意揣
清烈公之在邑中其必廟貌輝煌如[illegible]一
也下車之日即詢父老僉云歷來載在祀典今
則祠宇傾圮矣前此守土者將欲舉焉而未克
余聞之不勝慨然以悲世有清烈如　公者祀
而不廟可乎夫以　公之忠義靈爽百代維昭
固自古所崇祀也自古崇祀之而今時獨闕焉
是今時之過也又天下所尸祀也天下尸祀之
而本土無聞焉是本土之責也余於是捐資建

祠且使春秋修其常事堂成且三獻爲將數十年之廢一旦而舉以知忠義之氣日在人心歷千萬年而不泯也況此地經數亂之後宜勉以忠君愛國人心不觸則不動余之爲此也其亦勵世磨俗含之道廟思敬過墓思哀以爲王化之一助云

皇清康熙玖年歲次庚戌仲春月穀旦立

晉王景陽謹撰

重建叱灘顯濟廟記

大凡人力所不能加者必舉而求之於神而神麻之所克济者又未始不本於人力之經營理固然也吾於叱灘之顯濟廟益有所感發而起矣叱灘在州城之西二里許亂石嵯峨挺峙林立水至則玉龍翻飛水漲則黑罡漩轉若乃水落石出其險巇兇湧之象莫可名狀然使非通津要途即鼓浪滔天亦復何忌惟之地所過舟楫誤落漩窩則亡

哉余見之不勝己溺之憂爰採[illegible]
寇萊公舟過此灘漩溺瀕危有神[illegible][illegible]
公公問何神荅曰我黃魔神也萊公奏請宋朝
勅封黃魔顯濟侯建廟於此灘之滸歲時禴祀
用籍神庥爰是舟楫安瀾可幸無事合之州誌
所載亦無異詞自明季以來廟宇灰燼禋祀缺
然邇者往來官船商艘以及輕舟悞楫每每告
失事也噫覔神之祀致令利涉視為畏途是余
之責也夫是余之責也夫昔者聖賢先勤民事

未始不致敬乎鬼神然則顯濟廟之興也茉公既可力而建之於前吾人亦何妨勉而葺之於後由是竭力捐俸以為經營首倡繼之文武官屬本土士民與夫往來君子捐資共濟廟守次第告成是廟籍大衆以克濟則神亦必有以濟衆將見方之舟之左之右之無所不濟矣豈敢曰予將媲美於前哲也乎

康熙壬子歲孟冬知歸州事三晉[illegible]

應天巡按龔大選過屈平祠八絕

一生抱鯁骨九㱚等鴻毛獨恨娥眉妬汨羅湧怒濤

○不因嗔逐客只為悞懷王身葬江魚腹清流忠義長

○離騷千古筆俎豆萬年觴多少遊人涙點點滴湖湘

●義膽藏波月丹心貫斗墟誰聽飛淒曲楚三閭

江魂歸故里遺像凜幽祠玉米
臘粢
慘淡江雲色哀號石浪聲啣悲風樹鳥若為大
夫鳴
已畢捐軀志難酬報國思依然生氣在寒夜泣
江蘺
公名天下老廟貌薜蘿荒蕭瑟蒼烟裏焚香淚
染裳

○喬拱璧吊屈大夫詩三首

○有道身危正氣晋先生廟食幾千秋長江盡日惟東逝獨有忠魂遡上流憲令裁成妬口形行吟澤畔歌伶仃瑶臺偃蹇皆沉湎可許先生號獨醒

○獨醒入放秭歸來吊古無如宋玉哀西望巫峯空寂寂汨羅還勝楚陽臺

康熙拾壹年冬月纂修歸州誌

荊楚文庫

〔乾隆〕歸州誌書

〔清〕曾維道　纂修

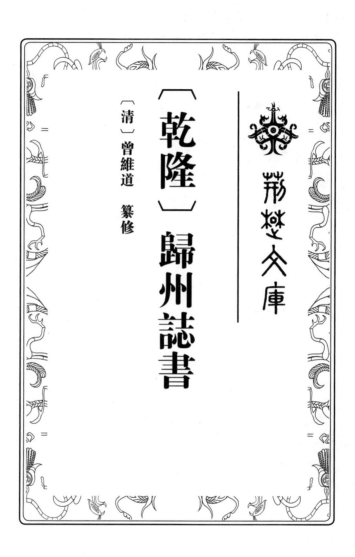

前言

《〔乾隆〕歸州誌書》不分卷，清曾維道纂修，抄本。

曾維道，中正人，乾隆丁酉（一七七七）科拔貢，署温州同知，五十五年（一七九〇）升任歸州，旋補蘄州。

此志僅故宫博物院存一抄本，半葉七行，行二十四字、二十五字不等，全書六十三葉，無邊欄行格，墨筆抄寫工整，少有圈點涂改痕迹，書葉破損曾經修復，有墨筆補字，開篇目録破損處依原樣。

是志與《〔康熙〕歸州誌書》皆是在康熙七年曹熙衡纂修基礎上的增修，故體例内容相類。徐孝宓在《中國地方志總目提要》中論述：『州志自康熙十一年（一六七二）王景陽增修後，距乾隆五十五年時幾百二十年。蓋以王景陽增補曹志，時間僅相距七年，故復據曹修原本，重事修纂。期間百二十年之事，可增者自必不少。蓋因增修之事浩大，又因不久離任，五十八年後繼知州王鍾岱未繼纂修之事，遂使志稿未能刊行。歸州兵事頻繁，至嘉慶間李炘修志時未得見此志稿。』

然《清宫藏書》記此志『原本叙事止於乾隆五十五年，續修叙事晚至嘉慶六年。避乾隆帝諱。爲嘉慶年重修《一統志》時的進呈抄本』。細查此書，最晚僅於『官階誌』之『州守』查到『曾維道五十五年任』之記載。

本志類目有待商榷，卷前目録殘缺且與後文實際内容有異，正文中部分類目未單獨提行，混於内容之中，如：『貢賦誌』之户口、錢糧；又有列類目而無内容者，如：『人物誌』之選舉、烈女。内容大致爲：輿地誌（疆域、山川、險隘、古蹟、八景）、建立誌（城池、署宇、學校、壇祠、寺觀、宫廟、樓閣橋梁、關津、驛舖、倉貯）、惠政誌、官階誌（文職、武職、州守、州判、吏目、學正、訓導、遊擊）、貢賦誌（鄉里、户口、錢糧、各項條目）、典禮誌（祭祀雜支、工部項下）、人物誌（名宦、鄉賢忠義、節孝、名媛、流寓、明科名、國朝科名、武科名、將材、俗尚、聲音）、土産誌（麥屬、穀屬、菽屬、蔬屬、菓屬、藥屬、花屬、木屬、水族）、藝文誌（記文十一篇、詩詞二十二首）。與《〔康熙〕歸州誌書》相比，此乾隆誌各類目内容均有所增添，亦對原内容有些許訂正。如：香爐山，康熙誌記『州南二十五里』，乾隆誌記『州南一百四十里』等。『地輿誌』之『疆域』重複抄寫兩遍，核無

一字有異。兹據實照印，不加删改。（宋澤宇）

目録

歸州誌書目録

丿一船　撥官守險

階誌

文職　武職　州守　故名　州判

吏目　學正　訓導　遊擊

貢賦誌

鄉里　户口　錢粮　各項條用

麥屬　穀屬　菽屬　蔬屬　菓屬　花屬

木屬　水屬

藝文誌

重修州治記　歸州題名記

建學碑記　清烈公廟記

重修三閭大夫祠記　重修屈公祠記

修黃魔神廟記　重修叱灘顯濟侯廟記

吊屈大夫三首

昭君怨

過楚宮

湖北學政凌如煥入峽一首

黄牛峽贈別

三閭廟　張祐

漁父二首　張志和

地輿誌　疆域

粤稽其地爲禹貢荆州之域天文翼軫分野周爲夔子國　地戰國屬楚秦漢屬南郡三國屬吳建坪郡晋因之劉宋屬荆州南齊屬巴州後周置秭郡治長寧縣隨初郡廢改縣曰秭歸屬信州唐置歸州天寶初改巴東郡乾元初復爲歸州宋屬荆州北路建炎中屬夔路元至元中陞歸州路尋降爲州明洪武九年廢州爲秭歸縣屬夷陵州後復爲歸州轄興巴二縣雍正七年改爲

直隸歸州轄長陽興山巴東恩施四縣兼轄容美龍潭唐崖臘壁大旺卯洞漫水散毛木册高羅忠建忠洞東流施南東鄉金峝忠路忠孝沙溪十九土司雍正十三年九月奉文歸州裁去直隸奏陵改爲東湖縣添設宜昌府同長陽興山巴東鶴峰長樂俱歸宜昌府管轄其疆域相接處東至東湖縣界六十五里西至巴東縣界六十里南至長陽縣界一百四十里北至興山縣界四十五里

地輿誌　疆域

粤稽其地為禹貢荊州之域天文翼軫分野周為夔子國地戰國屬楚秦漢屬南郡三國屬吳建平郡晉因之劉宋屬荊州南齊屬巴州後周置秭歸郡治長寧縣隨初郡廢改縣曰秭歸屬信州唐置歸州天寶初改巴東郡乾元初復為歸州宋屬荊州北路建炎中屬夔路元至元中陞歸州路尋降為州明洪武九年廢州為秭歸縣屬夷陵州後復為歸州轄興巴二縣雍正七年

改直隸歸州轄長陽興山巴東恩施四縣兼轄容美龍潭唐崖腊壁大旺卯洞漫水散毛木册高羅忠建忠洞東流施南東鄉金峒忠路忠孝沙溪十九土司雍正十三年九月奉文歸州裁去直隸彝陵改為東湖縣添設宜昌府同長陽興山巴東鶴峰長樂俱歸宜昌府管轄其疆域相接處東至東湖縣界六十五里西至巴東縣界六十里南至長陽縣界一百四十里北至興山縣界四十五里

山川

楚臺山　在舊州楚襄王建臺於上臺久廢

八學士山　州西十里山有八墺翰林李直顏建學士樓以對此山樓久廢

香爐山　州南一百四十里其形如炉

卧牛山　州治後形如卧牛

筆架山　形如筆架係州屬署面山在江之南

芙蓉山　狀如芙蓉在州署前亦在江之南

鷄籠山州南二十里日落有光返照

龍王山州南六十里土人祈雨有驗

野猪山州北十里出野猪

兩面山州南八十里因兩山相對故名

峨嵋山州南一百里形似峨嵋上有觀音寺今存舊址

饅頭山州南八十里形似饅頭

五指山州北一百里山有五峯中峯建有真武廟土人朝謁甚多

五老峰　即筆架山更名

將軍山　在州治後即州署主山

大江源　出蜀之岷山歷興山巴東由川而來

沙鎮溪　州西十里溪口突出一峯相傳西蜀有佛一尊流來至此瀠洄不去土人建觀於頂上取名流來觀江水泛漲不能淹沒有石羊一對出則人民流離右有一真武劍石長十餘丈新灘未崩時横截江心水極淺狹立鐵柱棋杆使往來客商至此停舟起貨今無

蘸溪　州南五里

五象溪　州南十里有屈原碑誌嘉靖年間被大水所衝

南邏溪　州南十五里原有巡檢衙署久奉裁

香溪 州東南二十里源出興山流如江相傳昭君滌粧於此因名康熙三年因合三省官兵攻李寇於茅麓山奉撤金楚郡守立塘運粮至此

龍馬溪 在新灘北岸

九灣溪 州南三十五里

茅坪溪 州南一百里與東湖縣交界

險隘

洩灘 州西二十里水勢湧急其險異常有洩床石長三十餘丈水落石出水溺時若隱若見行者無不驚恐土人云有洩無新有新無洩蓋言新洩二灘因水之溺落互呈其險

吒灘 州北二里舟至此多覆黃庭堅詩云命輕人鮓甕頭船

九龍灘在州前怪石錯岀形狀嵯峩有九如龍奔江灘水沸騰
有声若雷春夏水漲灘險舟人恒停舟候之
蓮花灘州南三里水湧沸似蓮花
新　灘州東三十里始而平坦原無大灘嘉靖年間陰雨月餘
山忽崩壞居民百餘家西岸壁立大石横鎖江心怒濤
沸騰其聲如雷舟人不能經
涉商賈停舟雇人負運貨物
要和尚岩在兵書峽之内形似和尚水淹其石舟
不敢過諺云水淹和尚口神仙不敢走
躍金灘在兵書峽之北昔日寇萊公過黄牛峽人人置金簪於
水默禱河伯舟至此灘有鯉魚躍舟剖之得金簪故名
兵書峽州東二十里一名鉄棺靈蹟在白狗峽東唐將軍王果
為雅州刺史舟經此峽望懸岩有物似棺令人覩之果

棺也骸骨存焉旁有碑誌云欲墮不墮遇王果三百年後重收戒果覩之愀然為之殮祭而去

白狗峽州南二十里兩岸如削白石隱見其狀如狗杜甫詩有白狗峽形斜黃牛更在南之句

空舲峽州東四十里懸岩削立飛鳥不能棲水勢奔湧石磧險惡夏月水漲必空舲方可上灘

棺木峽州南九灣溪東望坡懸岩絕人所難到前賢有詩云

棺木如何懸此岩秋風凄雨動人懷雪飛千里山披孝風動松声樹奉哀春至百花呈奠礼夜來星宿照靈台可憐尔是誰家子屍到於今猶未埋

銅鼓巖州南六十里溪边有一懸岩上突出四乳形似銅鼓以石擊之有声清越故名

柒里峽州北六十里言其遠有七里也

都里峽州北五十里

金鷄寨　州北二十里

中嶺寨　州南一百里

家寨　州東二十里

野桑坪　州北二十里中有將軍嶺擂鼓台

高谷坪　州北三十里

太坪　州南八十里

鋪坪　州東四十里

石柱寨　州北一百二十里

和尚寨　州南二十里其險峻若僧頂之狀

獅子坪　州北四十里形如獅子

蒼坪　州南一百二十里產香茗

週坪　州南九十里

龍坪　州南七十里

龍口　州南四十里

荒林頭州南五十里

清涼荒州南一百六十里

雨水荒州南九十里

滕里荒州南二十里

劉家荒州南六十里

蘇衣荒州西六十里

薛蘿荒州南一百五十里

木耳荒州南十里

高谷荒州南六十里

古蹟

夔子城州南十里春秋夔子之國宋王十朋詩身乘華轂思熊繹詞調離騷弔屈原賦邑舊爲夔子國人民多是楚王孫

驚心鳥石蓮花潭轉眼黃牛竹節灘

纜掉直從中潘過好景只待停時看

丹陽城 州東五里北枕大江即巫沱楚王城也夏啟封孟餘於丹城元和誌周成王封熊繹於荆即在丹陽城

劉備城 在州後照烈征吳連營七百里至秭歸此城係當時所築

揮灶 州東二十里在山之巔相傳夏禹治水在此炊飯有餘薪揮灶内其跡尚存

屈原宅 州東八十里在三閭鄉今存舊跡

女嬃砧 亦在三閭鄉

屈原沱 州東五里

宋玉宅 州東五里今存舊跡杜甫有詩云搖落深知宋玉悲風流儒雅亦吾師悵望千秋一灑淚蕭條異代不同時江山故宅空文藻雲雨荒台豈夢思最是楚宮俱泯沒舟人指點到今疑

玉米垃 屈原耕此田米白似玉故名在三閭鄉

楚王井 在舊州楚襄王所造

青林井 州南九十里有鹹水傳説前代取此水煎塩有青班鳥飛來飲水久廢

米倉口 在江之濱兵書峽内夏水漲則無踪水落時其中心聚有污土人視污之多少以占歲之豐歉

魚倉 與米倉相連水漲則淹水落時其中必聚細柴土人視此以占魚之多寡

牛肝馬肺峽 州東五十里在大江峭壁間懸石如肝肺昔人有詩云怪石生來似肺肝儼然懸掛碧雲端三春陰雨淋難朽六月炎曦晒來乾隔岸牧人應錯感中流過客每驚看黄鶯几度空揚翅欲待充飢下嘴难

鎖江鉄鍊 在兵書峽上有鉄鍊鎖江隱而不見見則不祥

唐王殿州南六十里明萬曆年間土人白福耕田得金盔金甲金人箭鏃之類

對罵場與唐王殿相對咫尺盖古之戰場也

洗馬池在舊州得勝門一里外相傳楚之襄王洗馬處

烏龍池在州南五十里相傳一日雷雨大作見龍騰空而去

白馬石在烏牛石相對處

烏牛石在前江之中與白馬石相對有詩曰白馬對烏牛江水兩边流有人識得透富貴十三州

夔沱周成王封熊繹於此即為夔子國也

羅沱 州西六十里歐陽公硯譜云大沱石班班有文其色青紫可作硯今失其處

歸鄉沱 即屈原浮屍處

風洞 州西六十里四面有風三洞相連

水洞 州東四十里其內深廣土人常避兵馬

濯纓泉 州東十里內有神蛇人穗其水即見

洗面井 昭君曾在洗面

響鼓溪 屈原宅近澗水與石相擊其聲如鼓

火洞 熱氣如炙草木不生

蓮花洞 州南五十里洞內宛然若蓮花

昭君村 王昭君住處

八景

牛角朝雲　在州南山頂朝雲楚台暮必有雨

楚臺暮雨　台在牛角山下日暮有雨山必朝雲

鷄籠返照　日落後復有日光返照

同氣連枝　相傳有節婦遺其姓名與夫偕行遇賊殺夫欲奪其婦婦誘賊埋夫以賊刀自殺賊義而埋之兩塚生兩樹根異而枝結故称之

野渡横舟　水落時不用槳楫而舟横自渡

月下波濤　在迷月岩下月光照臨所不及惟中秋水底有声無風鼓浪月影隱見

九龍戲珠　州前有一烏石居江中其狀如珠城西有九石梁若龍形皆拱向焉

玉虛三洞　在香二里內有石峭壁空洞門闢闕內有一大洞名玉虛冬溫夏清昔有樵人遇白鹿於此及出洞迷其所在又有二小洞名清蓮水簾景致出異騷客遊人題咏極多

建立誌　城池

歸州僻處岩險皆山臨水舊城原在大江之南因嘉靖四十年地忽陷裂城垣傾圮遂遷江北爰築城池立四門東曰迎和南曰景賢西曰瞻夔北曰拱極周圍三里自明季爲賊寇往來盤

踞城垣頹廢康熙十二年知州魏國璘捐修嗣新門為州治肅觀瞻焉瞻燮門傾圮雍正七年知州郭良昭重修維新

署宇

州署　在瞻燮門之内舊建有大堂後堂書房前金鼓樓儀門左迎賓館右司獄司左右六房皂隸班房併有申明旌善二亭州判吏目皆居兩旁又有豐積庫居堂右盡為流寇灰燼州牧曾興衡捐修儀門三間大堂三門後堂三間書吏房八間皂隸班房二間康熙二十八年知州陳對陽建修鼓樓六十年知州武國柱重修内署五間科房八間

鼓樓　雍正八年知州郭良昭見樓傾圮仍查舊規捐修鼓樓五間其週圍土垣至今因之吏目衙署康熙六十年改移遞運所

前察院　其基址今為遊擊衙署　　後察院　今改建明倫堂

學院署　雍正七年因改直隸歸州郭良昭詳請新建後又裁去直隸今改為公館

南邏司　州東十里奉裁　　僧正司　在朝天寺

陰陽學　在北門外今存舊址　　牛口司　州西六十里奉裁

道正司　在真武宮　　醫學　雍正七年奉文新設原無署宇

義學在州後雍正九年知州鄧士燦捐修　生員額數原係中學取進十二名

學校

學宮在州後山麓之右因科第鮮少萬曆代中年知州張尚儒改遷州後山麓之左兵変灰燼康熙四年知州曹熈衡建大成門三間康熙五十九年重建

大成殿三間東廡西廡各三間明倫堂三間雍正六年遊擊江霦捐修

啟聖祠奉文改為崇聖祠雍正六年重修　名宦祠雍正四年重修

鄉賢祠　忠義祠俱係雍正四年重修　節孝祠雍正四年奉　旨新建

教官各衙宅三處基址並三公祠尊經閣貢生各基址連於州後北門内後至土坎前至街左至後察院界右至城

學田無

壇祠

山川壇　社稷壇俱係雍正十一年知州鄧士燦奉文捐修

先農壇州東二里雍正六年知州胡世仁領帑捐修　厲壇北門外

屈公祠州東五里重修維新　三公祠在城内今存舊址

文昌祠東門外　城隍廟在州後重修維新　土地祠在州前

寺觀

朝天寺在城内止存舊址雍正七年士民捐修　靈泉寺州南十里寺前一井其水泛漲與江同時故名

銅佛寺州南四十里古跡現存　萬壽寺州南六十里今存舊址

三教寺州南三十里今存舊址　和睦寺州南七十里今存舊址

法華寺在猴見坡下今存舊址　廣志寺在沙鎮溪内今存舊址

雲臺觀州東後僅存舊址乾隆二年士庶捐造乾隆十五年知州錢介以舊址為州治來龍之首移建址下

龍澤觀 州北三十里今存舊址
聖天觀 州南一百里今存舊址
回龍觀 州西三十里今存舊址
朝來觀 州北三十里

宮廟

奕武宮 王得仁爲千總官募衆同建
明月宮 亦在五指山下

白陽觀 州南四十里今存舊址
流來觀 在沙鎮溪边
玉虛觀 在香溪
三角觀 州北三十里
萬壽宮 在五指山下
百福廟 即漢景廟在州西二十里

關帝廟東門外州人感夢捐修後荒廢雍正四年遊擊江霖捐修乾隆四年知州侯世爵遊擊許時中捐修整齊

江瀆廟在新灘南岸相傳神人陰修

老官廟又名黃魔神廟寰宇記唐咸通中蕭覲罷黜南經三峽至秭歸夢神人曰我黃魔神也居紫極宮西北隅將祐公出此境又廟記云李君甫自忠州至此江漲濤怒忽有神人湧出水上扶舟李問何神曰我黃魔神也宋寇萊公自巴東下臨此灘舟有神扶舟而下自號黃魔神後萊公聞之朝勅封黃魔顯濟侯近來舟經此多覆州人感夢知州王景陽捐修覆者漸少

屈原廟即清烈公廟離州五里在江濱經兵火後又成荒土知州王景陽以載在祀典捐俸重修端陽祭祀雍正十一年

湖北學政凌如焕
率領捐修齊整

秭歸廟 屈原有賢秭聞原放逐乃歸喻令自寬因名秭歸復立女嬃廟於原之故宅在三閭鄉今存舊址

向王廟 在香溪本州東陽鄉人姓向名翰陳大業於所生之地穿土鑿石著靈異土人各處立廟祀奉

鎮江廟 在新灘北岸

凄祠廟 在新灘北岸

水府廟 在北岸下灘

鎮江廟 在香溪

樓閣橋樑

望江樓 州東十里久廢

清醒樓 州東五里久廢

觀音閣　州東三十里州守葉承櫝所建年久傾圮遊擊王鳳岐捐資重建改為大悲寺

清風閣　州東八里宋曼殊建今存舊址

通濟橋　在城外

鳳凰橋　州南十里相傳有鳳凰棲故名

王家橋　州北二十里

觀音橋　傾圮乾隆三十七年知州陸履吉捐建在九灣

高　橋　州南一百里州守周昌期所建被水衝沒今重建

文昌閣　在建東士民新建

萬壽橋　在東一里

張公橋　東門外知州張尚儒建

花　橋　州南一百三十里今存舊址

五象橋　在東門頭新建

關津

牛口關　南邏關　洩灘津　吒溪津

沙鎮溪津　螞蝗沱津　石門津　歸鄉沱津

新灘上下津

驛鋪

遞運所東門外天使久裁　建坪驛州南一百一十里原額驛馬二十匹馹丞久裁

州前驛原額馹馬二十匹排夫四十名奉
旨新添四十名馹

州前鋪三十里至茅平鋪三十里至荒口鋪三十里至週坪鋪三十里至九灣鋪三十里至花橋鋪接長陽縣地界　白沙驛

譚家鋪離州前鋪三十里北至興山縣二十里至屈家鋪二十里至

夏羅鋪離州前二十里至石門鋪三十里至巴東縣界　牛口鋪

倉貯

預備倉先在州署後知州王景陽建造康熙四十九年知州魏國璘復建六間貯積谷雍正三年王克修將倉房改為明倫堂迎賓館改為常平倉設有礼樂射御書數六廒

社倉 雍正九年奉　文勸捐社谷各鄉設
立社倉四十三處社長八十八名

監倉 在頭門內原建有三間雍正八年奉
文新建牢房三間吏一名後仍裁

兵房 自流賊蕩平後康熙四年彝陵鎮分撥遊擊一員千總
一員把總二員兵丁三百一十三名雍正七年撥往來
順府兵丁五名迄
來並未添設

惠政誌

養濟院 在北門外今存舊址

漏澤園 在城東卡子溝新灘河家灣東門
頭洩灘烟墩溝等處皆有之

救生船 康熙丙辰年分巡道李會生知府卯天英設立叱溪石門上八斗下八斗船隻每處覓水手六人有工價在冊每遇覆溺全活甚多後又添洩灘新灘黃牛灘腔舲灘四處水手工價照給

撥官守險 新灘為楚蜀險隘之區冬春水涸商賈往來必需撥運歷有爭訟商旅不便知州郭良昭詳請州判一名攝理諸獘漸除往來感訟

官階誌 文職

知州一員 州判一員 教官一員 吏目一員

道正一員 僧正一員 醫學一員

武職

遊擊一員　千總一員　把總二員　外委二員

州守

趙誠宋皇佑初知歸州入名宦

故明

龔興洪武時任　曾大元永樂時任　李世安　黄敬俱宣德時任

楊勝　張廉　丁毅俱景泰時任　包文學

趙　琮俱天順時任　凌克温
高　昇俱成化時任　李　政
熊　馬　葉天爵
姚　景　鍾　曉
莫　讚　蒙　詢
劉　棹　江一勻
王良用俱嘉靖時任　徐大經

馬　琛　張　靜
劉景爵　胡　連俱宏治時任
趙　壁　方　準俱正德時任
趙　章　江中方
陳有容　王　錫
吳　旦　鄭　喬
陳　琛俱隆慶時任　林　深

楊子龍　萬邦弼　李軒　姚純臣

吳守忠　蔣立敬　孫鶴年　葉承擯

張尚儒　王交如　周緒中　王光裕

張應斗俱萬曆時任　楊奇珍　周昌朔俱天啓時任

皇清至康熙三年徵闢之後甫選有官

曹熙衡遼東人甫應徵闢來守兹土因明季亂離城邑屢經兵火士民離散滿目蓬蒿公莅任闢草萊披荊棘招來流亡課耕立學百廢俱舉人民樂業多士蔚起皆公遺愛也康熙七年卓異陞淮安同知

王景陽　李續祖　列通濟　楊顯名
陳對揚　魏國璘陞戶部　蔣兆龍陞禮部侍郎　吳元鰲
武國柱俱康熙時任　王克修　陳之緹　胡世仁
郭良昭雍正七年奉文改直隸歸州轄長陽興山巴東恩施並十九土司　鄧士燦後卓異陞永州知府
王志遠陞襄陽知府　張廷琛　周琪　張兆裕俱雍正時任
侯世爵乾隆元年任　錢介十二年任　趙泰交十九年任　秦鏁二十七年任
王楸二十八年任　李南湖三十一年任　陸履吉三十三年任　唐瑩三十七年任

郭啟泰三十九年任　稽承豫四十一年任　吳濤四十三年任　卯之芬四十五年任

保明四十七年任　劉鰲五十年任　熊儀東五十四年任　曾維道五十五年任

州判

李學綸　李毓昌

陳明普康熙二十七年任是年奉裁　來濤

王藩雍正八年知州郭良貽詳請仍設州判守新灘

米琮

葛長庚

徐而陵俱雍正時任

張維漢乾隆二年任

尤士棫乾隆七年任

黄士會十三年任

張晃玉

鄭恩全三十九年任

吏目

楊國翰康熙三年任

吳標

陳聚

曾亨慶

徐士鼎

包毓襄

張芑

王夢叶俱雍正時任

趙尚愚

王士俊

傅宗敏

夏念祖

趙寰　鍾玉粮　林體仁　江芳
宋宏中　劉承謨

學正

汪申達康熙四年任　王應善　程世法　李寶樹
梅奕建　胡時敏　萬燦　王心存
張一德俱康熙時任　葉正晷　湛濂　夏之時俱雍正時任

翁暉乾隆九年任
王光佩進士陞知縣
王棫書
金祖澤
賀芬
會憲椿
李輝烈
黃理吉
吳永升

訓導

葉載熙康熙十九年任
歐陽炳
彭家瑚
劉隆道
鄭崇勳俱康熙時任
劉憲
馬必遇俱雍正時任
李大成乾隆五年任

譚日昌　李璘　沈長邁　程文輝

劉悅　戴廷杞乾隆三十六年任三十七年奉裁撤利川縣

遊擊

李深康熙三年任　王世祥　鄢光英　萬際徽

劉世英　王友　馬進鳳　劉秉文

馮友玉俱康熙時任　江霖　張廷蘭　許時中

徐懷燕　張德　李華　房德勝

林相

貢賦誌　鄉里

建東鄉　蒼坪鄉　龍城鄉　三閭鄉　東陽鄉　童庄鄉
南岸鄉　北岸鄉　歸仁鄉　紅衢鄉　茅埧鄉　（土居）坪鄉
汝流鄉　九灣鄉　在市里　歸化里　龍池里　歸仁里
龍城里　下雅里

戶口原額人丁二千三百五十丁自明末諸寇出沒盤踞蹂
躪殺十年州屬百姓逃亡殆盡我
大清康熙三年八月初五日天兵勦平巨寇李來亨之後前後招撫
到州難民共一千三百三十七戶俱編保甲安插各鄉
漸次開墾復業

錢糧除屯糧外地丁錢糧共銀七百
一十一兩五錢六分六厘零
戶部項下

夏税折色起運江南農桑絹一疋正銀五錢五分損
銀一錢五分京損銀每两五厘觧司

塩銀折色起運江南户口抄本折正損共銀二十五两一錢六
分五毫七系八忽零帶閏銀八錢三分八厘六
毫零觧官盤費
銀每两三分

秋粮折色起運京庫米八石七斗九升四合四勺每石折銀二
錢五分每石正損銀三分滴珠銀一分觧官盤
費二分
觧司

宗祿折色銀六十一两六錢三分五厘五毫零
觧費銀一两八錢八分一厘二毫

皂隷工食等銀一十九两弍錢帶閏銀三錢二分

茶價雜用等銀四十兩二錢八分八釐零
損銀六錢三分五釐五毫
以工起運解布政司充餉

禮部項下

北京藥味正價銀八錢三分四釐五毫京損銀
四釐解官盤費每錢二釐

工部項下

虞衡司料銀四十三兩六錢六分六釐每兩
京損銀九釐解官盤費每兩三分

軍器銀四兩八錢五分盤費每兩二分

綾紗紙價銀二十一兩四錢六分四厘零候
部文到之年方派不必每年帶徵

光祿寺項下

田丁庫供應等銀四十五兩每兩京掯銀
二分解官盤費每兩二分

新加顏料腊茶等銀四十兩八錢一分二厘七毫

隨漕項下淺船銀八兩零一分加運奉盤費每兩四分

本州經費款項

知州

俸薪銀八十五兩六錢八分四厘順治十
四年裁銀五兩六錢八分四厘

油燭銀十兩順治十四年全裁

心紅紙張銀二十兩新奉裁

修宅家火銀二十兩順治九年全裁

書吏十二名共銀一百二十九兩六錢康熙元年全裁

迎送上司傘扇銀十兩順治十四年全裁

門子二名共銀十四兩四錢順治九年裁銀二兩四錢

皂隸十六名共銀一百一十五兩二錢順治九年裁銀十五兩二錢

民壯五十名共銀二百六十兩順治九年裁銀六十兩十八年裁銀一百二十兩

馬快八名共銀一百四十四兩順治九年裁銀九兩六錢十八年裁銀八十六兩四錢

燈夫四名共銀二十八兩八錢順治九年裁銀四兩八錢

禁卒八名共銀五十七兩六錢順治九年裁銀九兩六錢

修監倉銀二十兩新奉裁

轎傘扇夫七名共銀五十兩四錢順治九年裁銀八兩四錢

倉書一名工食銀十二兩康熙元年全裁

庫書一名工食銀一十二兩康熙元年全裁

庫子四名共銀二十八兩八錢順治九年裁銀四兩八錢

州判

俸薪銀六十一兩八錢九分六釐順治十四年裁銀十六兩八錢九分六釐

書辦一名工食銀七兩二錢康熙元年全裁

門子一名工食銀七兩二錢順治九年裁銀一兩二錢

皂隷六名共銀四十三兩二錢順治九年裁銀七兩二錢

吏目

俸薪銀三十一兩五錢二分

書辦一名工食銀七兩二錢康熙元年全裁

門子一名工食銀七兩二錢順治九年裁銀一兩二錢

皂隷四名共銀三十八兩八錢順治九年裁銀一兩二錢

馬夫一名工食銀七兩二錢順治九年裁銀一兩二錢

巡檢二員

南邏一員　牛口一員

俸薪銀每員三十一兩五錢二分共銀六十三兩零四分雍正十一年奉裁

驛丞大使二員康熙五年全裁

教官二員

俸薪銀共銀六十三兩零二分順治十六年裁銀二十二兩五錢二分

書辦一名工食銀七兩二錢康熙元年全裁

門斗五名工食共銀三十六兩順治十六年裁銀十四兩四錢
喂馬草料共銀二十四兩順治十六年裁銀十一兩
齊夫二名共銀七十二兩順治十六年裁銀三十六兩
膳夫二名共銀六十兩廩生支領順治十四年裁銀十四兩

撥運

歷日銀一兩九錢六分九釐盤費銀三分九釐零
布政司皁夫銀十五兩順治十四年裁銀七兩五錢

科舉銀五兩九錢八分五厘盤費銀一
錢一分九厘七毫半番半裁

驛站

長沙遞運所坐船水手一名正閏銀七兩五錢二分

本州遞運所夫八十五名除派監利興山二縣協編七十五名

本州原派本府戶口鈔照馬夫經歷正官民校等
改抵名石首縣額派建坪驛價銀一百兩四錢八
分八厘損夫三十名每名帶閏銀六兩一錢又零
銀四兩帶閏銀
六分七厘七毫

建坪驛馬夫銀三十兩帶閏銀五錢又零銀
四兩帶閏銀七錢三分三厘零

建坪驛鋪夫二名每名銀五兩帶閏銀八分三釐三毫

均徭

各鋪司兵徭編七十二名共銀一百一十七兩帶閏銀一兩九錢五分

各巡檢應役弓兵二十二名每名銀四兩帶閏銀六分六釐七毫雍正十一年全裁

迎送皂隸除裁抵經費外議有十二名每名並銀五兩八分三釐三毫

走遞夫

排夫一百一十名每名銀七兩二錢帶閏銀一錢二分除監利縣協編夫六十名每州應編排夫五十名總

共銀三百六十六兩

脚馬四十匹每匹三十兩帶閏銀三錢三分三釐三毫共銀八百一十三兩二錢二分存留

典禮誌　祭祀雜支

龍亭儀仗修理銀二兩奉裁文廟二祭共銀四十兩

啟聖祠二祭共銀七兩山川壇二祭共銀十兩

社稷壇二祭共銀十兩厲壇三祭共銀十一兩

屈公祠一祭銀二兩五錢名宦鄉賢二祭共銀七兩

關帝廟三祭共銀三十五兩七錢四分六釐　鄉飲二次共銀四兩

廩生三十名共銀九十三兩　儒學香燭米折銀一兩零五分

文昌帝君二祭共銀二十三兩八錢於嘉慶六年奉祭

本州進表三次每年撰表生員紙劄工食銀二十一兩

本州應朔盤纏正坐銀四十兩首領官二十五兩該吏十兩造冊紙劄工食銀六兩共銀八十兩三年一次每年該銀二十七兩順治十四年裁銀十八兩存銀九兩

科舉生員以八名為率每名盤纏銀二兩花紅酒席銀一兩新奉裁

歲貢生員正貢盤纏除徭編非花紅酒席銀八兩正陪二名起考脚力銀每名二兩五錢新例貢七年通選每年給銀六兩俱於康熙三年全裁

會試舉人文武各二名如遇新中每名給長夫銀二十兩

歲貢盤纏銀二十二兩五錢康熙三年全裁

門神桃符春牛芒神花鞭酒席開印封印牲猩香燭等項每年該銀四兩順治十四年全裁

孤貧八名每名歲支口糧銀一兩八錢

孤老八名每名歲給布銀三錢

供應銀一百六十五兩順治十四年全裁

備用銀六十六兩新奉裁

工部項下

漁湖洲雜稞漁戶出辦

黃蔴正銀九兩七錢九分四釐七毫三絲每年京損銀九釐遇閏加正損銀七錢三分九釐二毫

熟鐵正銀二兩二錢八分八釐京損銀九釐遇閏加正損銀四分三釐三毫

線膠正銀四兩五錢二分五釐零京損銀九釐遇閏加正銀二錢五分六釐三毫

人物誌　名宦

趙　誠　宋皇佑初知歸州見叱灘江石折流誠積薪縱火石裂數月江開舟濟名曰趙江有磨岩銘

莫　讚　嘉靖時知歸州勸課農桑興學校民感其德立祠祀焉

陳　琛　隆慶時知歸州創修城郭州治煥然一新民感頌立祠祀焉

張尚儒　萬曆時知歸州崇尚儒術建立文廟民懷其德士服其教共同立祠以祀名曰三公祠

以上四名係歷代名宦

湖廣學道蔣永松　　湖廣按察司張道祥

湖北按察司吳[illegible]玲　　湖北督粮道葉映播

湖北督部院吳　璵

湖廣督部院郭世隆

湖廣總督部院陝西西安府將軍額倫特

湖廣總督張朝珍

荆州府知府卯天英

荆州府通判金雲鳳

湖廣撫部院劉兆麒

湖北上荆南道劉顯謨

湖北上荆南道李會生

以上十三名雍正六年奉文應入祀名宦

御史陸隴其　雍正元年奉文入祀文廟

鄉賢忠義

屈到　字伯庸楚武王子瑕之後食采於屈因姓焉性嗜芰臨卒曰祭我必以芰

屈原　名平字靈均伯庸之子仕楚爲司徒懷王嘗命原造憲令屬草未定上官大夫心害其能見而欲奪之原不與因讒於王曰王使屈大夫爲令每一令出原伐其功謂非我莫能爲也王怒被放爲後屢諫懷王而終不悟行吟澤畔投於汨羅江而死著有離騷經傳於世

呂調元　明千戶也遇賊入州士民望風皆降率義勇與賊戰平陸困於重圍賊招之降罵不絕口云但爲忠臣此頭何

足惜哉遂亡
於乱刀之下

王國芳

明里民往八埡山偶於道旁拾一囊約有四百餘金携之以歸夫妻商議倘有人追尋可給還之及至日午忽見官差二人倉惶遍覓不獲國芳邀之歸將原物給還二差泣謝而去後國芳巨富生子十人皆謂還金之報

節孝

曾氏明胡憲之妻年十七歲夫亡守節撫子胡文煥教養成名任達州州同年七十餘而終奉
旨旌表有坊焉

余　氏州民向奎之妻生員向鑰之祖母也年二十六歲夫亡
守節撫子及孫艱苦備嘗雍正六年奉
旨旌表建坊

韓　氏州民龔端之妻生員龔紹元之母年二十四歲夫亡守
節侍養公姑撫子紡績勤苦乾隆三十七年奉
旨旌表建坊

選舉　烈女

名媛

王嬙 字昭君改明妃秭歸人

流寓

宋玉 楚人屈原弟子憫其師放逐作九歌哀之著有神女高唐傳世

王果 唐雅州刺史過歸州兵書峽有欲墮不墮之句

二僧 明宏治年間有二僧過州其姓名居址屢問不答而去

滕穀 過州有詩

劉蔭 遊玉虛洞有詩

杜甫 字子美唐人入蜀過歸州有詩

王十朋 宋夔州刺史

喻文壯 遊玉虛洞有詩

明科名

韓廣 成化時人進士

王朝賓 舉人

文達齊 舉人官知州

王復 舉人歷官御史

樊鑑 貢生官知縣

向思 貢生官知州

萬國寧 舉人

周之彥 舉人

康永年 舉人

鄭澤 貢生官縣丞

王建式 貢生官縣丞

梅元理 貢生官縣丞

鄭國彥 進士官給事

康泰 舉人官知州

萬環 舉人官同知

彭宣 貢生官教諭

郭巇 貢生官州同

王明試 貢生官學正

胡文煥 貢生官州同

喬　廷 貢生官縣丞

王心正 貢生官州同

向　英 貢生官知縣

唐維學 貢生官教諭

休　高 貢生官知州

陳士彥 貢生官學正

陳彝道 貢生官州判

彭益泰 貢生官學正

熊春宇 貢生官學正

喬　遷 貢生官州同

喬　岳 貢生官主簿

喬可俊 貢生官教諭

袁象坤 貢生官州判

望之稷 貢生官州判

趙子文 貢生官教諭

國朝科名

王　續　康熙乙酉科舉人學正

張士鄂　副榜

黃承乾　生員官主簿

向　治　拔貢官教諭

杜學迥　黃州府教諭

吳廷錦　竹山縣訓導

黃士芳　竹谿縣訓導

王士任　乙酉科舉人學正

王文玉　貢生官州判

楊　述　貢生官訓導

張世友　拔貢官知縣

李觀國　南漳縣訓導

杜學審　黃梅縣訓導

胡來同　甲午舉人

杜若芩　貢生任訓導

胡　燦　拔貢

吳邦進　拔貢

梅成正　蒲圻縣訓導

傅盛世　光化縣訓導

武科名

鄭士珍 庚午舉人

向學緒 戊子舉人

向世臣 乙酉科舉人庚戌進士任四川守備

王士温 丙子舉人庚辰進士任遊擊

冀文試 庚子舉人甲辰進士御前侍衛官都司

鄭大元 舉人任直隸靜海營都司

將材

王誕 石匣營副將

龔居鼎 泉州副將

王鉐 福建副將

熊士琦 永平副將

梅之信 三屯營副將

王文純 蘇州副將

焦世茂羅定副將
王士質撫州守備
陳應蛟雅州守備
余大佐行伍任川北鎮
王之瑛山東遊擊
鄧常泰寧夏都司
徐國佐雲南守備
霍文炳廣東守備
徐啟明濟寧都司
趙茂詞行伍授侍衛陞山東遊擊
向雲衢行伍官都司
汪世文行伍任湖南洞庭協都司

俗尚

州人耕讀樵漁者恒相半少商賈鮮積蓄冬春之月多採蕨粉

以資食俗信鬼尚巫教在市等里易僅耕惟龍城後里東陽上村近土司頗有遺負四時節序婚姻大同小異

張志誠有歌云歸州地瘠民貧薄耕讀樵漁是恒業終歲勞苦少積蓄春冬之月多採蕨士農則有商賈稀信鬼尚巫崇佛説節序禮儀有異同土俗人情亦有别在市等里易僅耕民性淳朴思可接龍城東陽近土司頗有遺負最頑劣

聲音

地雖彈丸御音多雜惟荸㙮㙮蘇衣荒相近人多强項有山陝
語餘俱稱平

土產誌　麥屬

大麥　小麥　蕎麥　米麥　燕麥

谷屬

稻穀　稷穀　粟穀　稗粮　黑黍　白黍

蔬屬

黑豆　青豆　黄豆　菉豆　豌豆　豇豆　刀豆　小豆

蔬屬

羊肚菌　香菌　木耳　韭菜　葱蒜　莧菜　葫芦　窝苣

西瓜　茄子　海茄　金瓜　廣椒　花椒　蘿蔔　青菜

白菜　元荽　菜瓜　野虎蒜　龍鬚菜　黄瓜　家香菜　薑

絲瓜　南瓜　東瓜　辣菜　蔓菁　芋荳　笋　瓠

菓屬

李　杏　枇杷　梅栗　梨　柿　橙　柚
橘　柑　棗　桃　核桃　櫻桃　石榴　林檎

藥屬

前胡　杜仲　烏梅　牛夕　蒼朮　桔梗　厚朴　黃栢
黃連　木通　木瓜　赤芍　天冬　麥冬　常山　天麻
地榆　紫草　紫蘇　牽牛　枳殼　半夏　蒼耳　薄荷
丹皮　五加皮　沙參　土茯苓　益母　川芎　茴香

花屬

臘梅　白梅　紫荊　桂花　菊花　枝子　海棠　牡丹

芍藥　芙蓉　薔薇　剪絨　鳳仙　月月　葵花　玉簪

金銀花　蘭花

木屬

松　栢　杉　楓　槐　柳　桑　柘

櫪　檀　棕

水族

鱘魚　鱑魚　白魚　鯿魚　鯉魚　鯽魚　鱔魚

藝文誌　重修州治記

歸州古丹陽地歷代沿革不同迨至洪武初始改為今名下屬
荆郡工隸興巴二邑實楚蜀咽喉舊治即今城宋端王始遷江
南夔沱又徙新灘又徙南浦洪武初徙丹陽四年徙長寧亦在
江南楚王臺下與千戶所同城永樂時州守曾大元正統五年

州守黃敬嘉靖年間州守鍾曉莫讚趙章王錫江一旬皆相繼
重修嘉靖四年久雨基址陷裂城倉傾圮小民皇皇墊溺之患
古來所未有也是年州守鄭喬奉命初至目擊斯土猶已溺之
日夜焦思不遑寧處乃諮輿論察地形躬率里民父老謀遏江
北白諸當道咸可其議時災傷之後閭閻蕭條帑藏空乏公捐
俱因興茲鉅役又勢不可已衆方難之鄭喬獨多方區畫募義
勸工動以至誠衆既欣悅有子來之義喬又親自經理其間一

木一石胥因其舊而轉移之經始於辛酉落成於甲子有堂廳以視事有倉庫以司儲有祠宇以奉神有衙舍以居住門樓鋪遞學校公署煥然一新井里市廛秩然改創而一時當道往來咸有即次之安視舊治在江南益平衍廣濶而棟宇之飾供給之倫又皆共所無者歷灘沱而踰嶺城至斯乃若歸焉未有不嘖嘖稱賢者喬之功不其偉哉雖然新建州治以奠安疆宇喬一時之仁也今觀喬之慮殆不止此喬嘗與余談秭歸之險不

特為荆蜀咽喉重地而國家所恃抗西南者歸實為一鎮藩表得其所則舳艫橫江冠蓋相望西接重夔北通樊郢不待鉄鎖斷流而國勢自壯故既遷今治即築土城次第興修以設地險又慮長寧守禦所越在江表議圖徙共城爲其識遠矣喬舊爲廣文余按黔臺時已知其文章卓然抱負不羣今守是州甫下車之初當災侵之後削道旁之議建難成之功而又慮遠憂深纂修州誌以垂遠久有古國士之見真偉丈夫也民方立祠祀

之異時稱良吏者無出其右余故樂爲之記
賜進士出身巡撫雲南都察院右副都御史今歸州田荆湖郡人
曹忭撰

歸州題名記

秭歸者夔之屬邑也自唐以歸名州而國家因之爲荆楚要屬
司牧者蓋難其人云何以故襟帶山峽輿巴而容美施建諸險
要亦轍相聯絡龍城後里族類雜處禁網疎濶幾同負固則控

制難焉蓋藏耕石田荒瘠倍之而轉移蜀粟泉鐵及鹽鐵之利建瓴而下悉泊於湍灘罔克晉以治生則徵會難楚蜀冠蓋往來相望有司者為餙廚傳輿馬日不暇給無殊九達之衢則用運難天下幸而無事即蕞爾彈丸長人者各無所有之籍僑一但有急數倍之卯亦崤函尋常之流皆天塹矣奈西南烈郡之門戶介楚一隅焉可忽也故司牧者誠難矣歲丁丑四月楊侯之來牧也既思其難考郡之故老而問政焉乃謂余曰甚哉

秭歸之多缺也即吏茲土者孰不能勉其官而姓字猶不可知其何有於政乎余乃為之稽郡誌訪遺老得國初以來州守若干人州判吏目又若干人僅存其爵里姓名鐫石則瞿然而慨夫篳輅藍縷以除楚蓄南國甘棠詩稱蔽芾君子所為殫力攄志用極百姓之急其何意於後世之有述也乃其芳名遺烈顧炳炳不少衰息斯民怙恃於是乎在若從以吏之賢不肖舉歸之適然之數以為幸不幸而民之視吏亦不啻旅次之出入

未幾而影響銷盡，即故老已不能口授諸子孫，孰知其爲尸而祝之者乎？又孰知其爲楷而頌之者乎？是咸非所以示鑒也。即觀上世虞卿舍而叔敖庸，工官尊而屈平逐，其於善敗興壞之故可鏡矣。故馬不必擁軸，要之齊足；矢不必儆乘，要之中墨。夫靖民固先宜弭患，稱蒸蒸吏治、能勝其任而愉快者，詎有他術哉？何以守險？曰人。何以聚人？曰財。自孔門論政，亦必首衣食足而民信孚，非甚不得已不敢去一政。善爲政者，毋使至於不得

已也其惟在撫循愛養哉後來者尚德論世察操待之所由審名實之所歸斯亦得失之林矣若曰整齊其故事已耳非楊侯意也故相嘱之而附記焉

賜進士出身南京大理寺評事孫汝賓撰

建學碑文

道德一而風俗同教化興而人文盛古昔建國君民教學爲先故家有塾黨有庠州有序國有學於以扶世道正人心甚重也

自後世不明此義往往視為末務而風不逮古有由然矣荊屬秭歸原古丹陽地上通巴蜀下達荊襄岷江東繞巫峽環峙人物多所不乏先賢屈宋兩大夫實挺生於此不特忠義為千古之觀亦且詞賦為文章之祖厥後家崇絃誦冠蓋相望自晉素稱名勝爰考當年江南江北州治雖經屢遷學宮盖極壯麗云洎及明季李闖獻賊餘孽憑恃險阻盤踞其中城郭坵墟士庶散亡煌煌

聖殿鞠為茂草教化不行以致人文寥落科第亦遂鮮少
皇清定鼎二十餘年始克削平禍乱州守曾公適來蒞土滿目蕭然
感慨係之思欲起而振興之甫下車即為闢草萊建草殿其祭
祀招來流離士子以次漸歸至戊申春人民既已樂業盜賊既
已衰息政事既已和理乃復捐囊金鳩工庀材謀所以改創焉
大啟文廟於前定明倫堂於後且有堵墻以相環衛柵欄以避
行遊俾規模閎敞煥然改觀一時諸生咸得以時課習其間彼

都人士未有不蒸蒸慕義者公之有功名教豈其微哉昔歐陽公有云民之生也不用力於田畝則從事於禮樂之際不在於其家則在於庠序之間耳聞目見無非仁義不致遷於外誘況歸郡以數亂之後其去王化爲尤遠使非明正道以導之則詩書之氣無由而作忠義之心無由而起俗何由淳風何由古今爲之謹其庠序申其孝弟安之文教既行之後寧無如屈宋之人復起而炳耀史冊者至於科第接踵觀光上國又不必言矣

斯土之人文復盛其在茲乎是知公之興利除弊救敝扶衰綏
義一方者救世之仁也若其建學明倫助流政教絶愚於未萌
起化於將來使民日遷善遠罪而不自知者則百世不判之澤
也於以工副

聖天子臨雍重道之義下昭壽考作人之恩端風尚而登隆古可日竢
耳達以乙巳秋司鐸學宮目擊興廢見往者之如彼近事之如
此故樂爲之記以彰州守曹公之德又勉茲多士爲

康熙戊申秋儒學學正汪申達拜選

清烈公廟記

蓋歸州清烈公廟記者，記廟之新作也。按職方屈原名平，與楚同姓，秭歸人，任楚懷襄王，以讒放，自沉汨羅，有離騷二十五篇凡五卷傳於世。舊宅在今州治西十里江之北。唐元和十五年刺史王茂元始創卜祠。宋元豐三年封清烈公，邦人爲之立廟。迨至元泰定初，州尹王禿哥里不花嘗修之，久而傾圮，無以妥靈將逐湮沒至正壬午郡長賽兒阿喝始義新之出廪禄以倡助者雲合議既定江忽暴漲巨艟蔽中流而下募善水者伺之得栢木數十大者以為梁棟小者以為椽桷門堂寢室咸資其用堅貞雄壯表裏芳潔民歡呼曰我侯興土木財不傷民不擾神搬鬼運陰或助之藻壁紫壇桂棟蘭榱無以别也方成適湖北道僉憲即律恒齊公按郡聞而嘉之俾予書其事予觀屈公事君盡忠死而不二卓然立於窮壤如三人表齊千百載僅見

其所作述托物以寓諷諫修辭以明仁義當風雅三變之餘增綱常萬鈞之重世所不可少也雖無上公之令祀典其可缺乎是邦山川草木儲精挺秀陰陽物交發為昭明靈而主之以為憑依之所同求神之道今三峽居民生理鮮少催科日有不給而候於是邦乃能不役一民百廢俱舉可謂難矣於法應記觀載其年月始終復為迎送神辭一章以遺其鄉人俾歌以祀焉迎神之辭曰峽之山兮虎豹藏峽之水兮蛟龍驤神陟降兮在

帝傍芙荷衣兮芙蓉裳龍爲宫兮貝爲闕珠樹白兮上明月桂醑陳兮蕙芳設帳夫君兮久離别江雨過兮生蒼苔蘼蕪杳兮杜蘅閑嘆逝兮無息忽秋兮春來送神之辭曰雲悠悠兮下徹風蘋花開兮雪濛濛蒼岩中裂兮岷江通靈之凍兮如龍秋水止兮階前瓊瑶散兮落花開鳳凰忽兮高峯芳樹緑兮空山

大元至正四年湖廣等處提學黄清元撰

重修三閭大夫祠記

三閭屈大夫故秭歸人秭歸今歸州也州人既祀大夫於學宮
矣城東五里許復有專祀大夫祠不知其起於何時歲久傾圮
雅不稱崇奉萬曆丙申秋華公豫公來守蒞土謁大夫祠惻然
憫焉思欲修之顧州地瘠民貧林力無出乃銖積錙累無日不
為修祠計儲之一年亦既備矣值公將以述職行未及也而旁
史龔公以按晋都回蜀過大夫祠為八章弔之因以祠事叮嚀
於公公乃出其所備者凡若干緡付耆民王一正等董其事正

等奉命維謹取材於民鳩工於巧扶持督率不間朝夕於是陁
陊者直之滲漏者塞之毀缺者完之漫漶者飾之不越三月祠
宇一新而褰帷之冕服至矣觀之甚喜卜吉蒞牲釃酒告成大
夫之神而龔公又過歸往按雲貴若赴期者邂逅亦甚喜公遂
以大夫之胙與龔公燕公於清醒樓以樂之州幕戴君磨石命
穩記其事迺大夫之懿即卓行前人論之詳矣奚俟贅語獨晦菴
宋先生謂其忠而愚致堂胡先生謂其智斯皆執微箕以議比

干也夫宗臣於君爲微箕易爲比干難大夫不難於死難以明志又胡爲而議之程子曰人當於有過中求無過不當於無過中求有過二先生不免於無過中求有過非確論也詩有之我生之初尚無爲我生之後逢此百罹尚寐無訛此大夫之心也論大夫者當於是詩也觀之而宋儒又謂騷詞多怨夫情激於中辭洩於外容有似之者然怨其言必仇其君皆爲君君怨乎大夫之死爲懷王之不返死也爲襄王之被辱死也而其怨安

在哉是有不諒大夫之心者也愚素欽大夫之爲人因表大夫之心與公修祠之巔末而併記之俾覩者知所考焉

萬曆戊戌秋儒學學正胡穩撰

重修屈公祀記

余少詩史傳則知古今多英奇瑰瑋之士而楚惟清烈公爲稱首當其仕楚也信而見疑忠而被謗展轉憂思冀王之一悟而不可得遂沉淪以没其居心行事可與日月爭光昔之人已詳

哉其言之矣余不復贅聞嘗慕其為人持立獨行每欲訪其故里慰吾景仰初心及長官於楚之沔州以地隔越且限於職守不得一遇而拜禮焉迨至己酉歲適遷秩歸寓自幸焉以為得償所願意揣清烈公在郡中其必廟貌輝煌祖豆不絕者也下車之日即詢故老僉云歷來載在祭典今則祠宇傾圮矣前此守土者將欲舉焉而未克余聞之不勝慨然以悲世有清烈如公者祀而不廟可乎余於是捐資建祠且使春秋修其常祀

堂成其三献爲将数十年之廢一旦而舉以知忠義之氣日在人心歷千萬年而不泯也况此地經数乱之後宜勉以忠君愛君人心不觸則不勸余之爲此也其亦勵世磨俗令人過廟思敬過墓思哀以為之一助云

康熙庚戌春知歸州三晉王景陽撰

修黄魔神廟記

州西二里詩有叱神廟州誌載云宋寇萊公船到叱溪漩流有

神現身躍出水面謂公曰以公有大德特来相救公問何神答曰我黄魔神也某公聞之於朝勅封黄魔顯濟侯廟宇壯麗自宋以来年久傾頽失修廟前有一灘又名人鮓灘乃入川險道春夏水漲盈滿鼓浪龍波漩如鼎沸過往客商船隻即輕舟快楫悮落波心十無一全逐年壞船死者不可勝数州官遞年募人撈屍市義塚而葬本州抵任目擊慘傷與其撈葬於既死孰若拯救於未然乃捐俸造救濟船二隻且建廟塑像巍然顯應

焉本年五月有木簰行船先陷於漩已救活二十餘人六月復有船陷漩中一船五十餘人盡行救活則神有憑依建祠之有益於民驗矣歲時蒸嘗於以祀神爲民庇也不無望於後之君子也夫

崇禎三年夏知歸州周昌期書

重建叱灘顯濟侯廟記

大凡人力所不能加者必舉而求之於神而神庥之所克濟者

又未必不本於人力之經營理固然也吾於叱灘之顯濟廟蓋有感發而起矣叱灘在州之西二里許乱石嵯峨阧濤淋漓水至水玉龍鬣飛水漲則黑罡漩轉者乃水落石出其險藏洶湧之象莫可名狀然使非通要途難鼓浪滔天亦復何忌惟是楚蜀必由之路所過舟楫慎入漩窩則十無一全豈不悲哉余見之不勝已溺之憂爰採輿論俱云宋寇萊公舟過此灘漩溺幾危有神躍出水面救公公問何神荅曰我黃魔神也萊公聞之

朝勅封黄魔顯濟侯建廟於叱灘之滸歲時禴祀用藉神庥矣
是舟楫安瀾可幸無事今之州誌所載亦無異詞自明季以來
廟宇灰燼禋祀缺然迩者往來官船商艘以及輕舟快楫每每
告失事也噫之神之祀致令利涉視為畏途是余之責也夫昔
者聖賢先勸民事未始不致敬乎鬼神然則顯濟廟之興也萊
公既可力而建之於前吾人亦何妨勉而葺之於後由是竭力
捐修以為經營首倡繼之文武官屬本地士民與夫往來君子

捐資共濟廟宇次第告成是廟藉大衆以克濟則神亦必有以濟衆將見四方之舟左之右之無所不濟矣豈敢曰予將攘美於前哲也乎

康熙壬子冬知歸州三晉王景陽撰

修治空舲峽記

知歸州吳守忠一日以書抵其友人教文曰州治介在楚蜀上江江水合衆流下三峽建瓴萬里而荆州為之仰受其湍洄竄

漩波相激閒備極險狀而隸歸之尤險者乃艃艅峽為三峽之一曰艃艅者言舟舲至此必艃載而後敢涉也峽中流障一大石大石在下三石連珠峙伏水中土人又號曰三珠石舟行必從大石左漩捩柁右轉即接三珠毫釐失顧舟磨石上遂糜解而不可措手足舟人往往相戒叵測而居民漁子亡賴惡少伺其貨物飄溺以為利藪上之人不無所聞安可度外置之今代巡紫亭封公來按全楚鋤奸剔蠹悉就芟除利所當興纖毫畢

集乃慨議修治茲岷擻當道率郡若州之二長倅親行相度計上擘畫而修之計石之當鑿者爲丈三百六十有奇計工六十人各四旬有五日計工費一切攻治之具與食力之直百五十金珠石既平峽流安軌舳艫啣尾上下謳歌凡官客之往來商旅之出入俱利涉焉而吏於茲土者亦得以免於不戒之虞昔之舡舲今爲通舲矣史以書其事而鐫之石庶以述公之烈將與此流而俱永也金受書而讀之伏而嘆曰茲峽之險非一日

也其所託於昔舊矣豈涖官者有所不聞夫以四旬之營百五十金之費而除積險以貽永賴之利亦何憚而不為乎馳騖名高者不肯為肩越細故者不能為因循期會者不及為覬望者以為前之人皆不為而亦莫之為天下事當為而不為以致流害若此者何可勝數直之之巡楚也首懲貪墨董正風俗使轍所至周爰楚境歲當大祲一州一邑窮鄉待哺之氓無不極援俾獲其所為此也何有方今四方水旱病疾歲不絕書使任

事若皆早計利害除險阻如直指其人又何至見事而始圖事後而思補哉直指與余同年舉於鄉又舉南宮有同心之誼故因歸州記其公而書之如此至若鐫銘荊水之上以與羊叔子杜元凱後先相望則直指之澤深而厚自待者當不止此也

萬曆庚寅秋知歸州吳守忠賜進士出身翰林國吏教文全撰

重鑿新灘碑記

夫蜀之瞿塘灔澦自古記其險每讀文如象為之語為之膚刻衣

髮指天啟甲子奉璽書備兵荊南行部歸巴始從陸往山高谷深已不啻如羊腸鳥道歸而命舟則溪峽湍急怪石林立如溲灘叱灘艎艅難者舟觸之即碎而其中厄險者莫若新灘見新灘知瞿塘灔澦非險矣灘善觸嘗崩於宋天聖中至梗往來舟楫皇祐三年知州趙公誠始為開鑿舟楫復通越數百年嘉靖壬寅復崩先一月水神假靈於乩仙有只恐新灘換旧灘之語居民識者即為徙居未幾上沱下沱果相繼而崩舟行尤甚往

来必虗其舟展轉跋涉艱辛萬狀卒莫可奈何余宿此境聽怒濤如雷至不成寐因起同州守楊君步視其狀則大石横亘水愈亢而流愈急舟上則虞激下則虞溺余沉思久之因呼石工授以計俾鑿石聚煤著炭其中燃之継淬以醯如此數次大石立碎中間險石有名黃板石乾魚石豆子石點燈石者鑿空其銳八十餘年畏道忽若坦途行旅咸快嗟乎天下豈一峽為然哉漢儒班固有言顧力行如何旨哉斯言可為集事之嚆假令

此石必邀灵於仙掌則終當為梗險又不在瞿塘灩澦矣是役也余始之而終其事者州守楊君州倅楊煥文則董率厥功云時天啟甲子之冬十月越一年余被西川之命因授筆撮其年月授楊君誌之楊君名奇珍廣東之新會人中甲子省元

天啟乙丑嘉平月湖廣等處提刑按察裔拱璧書

重修鼓樓記

鼓樓舜樹條有今古而好事者每任一方或於官舍內外修為

軒臺遊觀之樂而不顧脂膏供億之憂是衹知其可以為所欲為而忘其所居之位無定在也是亦不可以已乎余睇矚山川憑臨險阻欲尋夔子丹陽之故關離宫而文献無徵皆茫然不識金碧輝煌之何在也夫古者前之今今者後之古年來勤邑供識因陋就簡宜乎儉也雖然凡事有苟可已者有决不可已者治前鼓樓創自陳公對揚越今四十二年墻頽礎移棟折瓦虧可以乎不可已乎乃出俸羨屬吏民而命之曰官舍之状親

不振則臨蒞之政令不肅顧者移者汝其因之奠之析者虧者汝其尚之補之踵事增華無庸也州之父老聞而喜且襄其事爰記以俟後之君子

荊州府同知管直隸歸州事郭晶良撰

詩詞

艖艅峽

杜甫

峽中丈夫絶輕死少在公門多在水富豪有錢駕大舸貧窮取給行艓子小兒學問止論語大兒結束隨商旅欹帆側柁入波

濤撇漩稍潰無險阻朝辭白帝暮江陵傾来目擊信有微瞿塘
滿天虎鬚怒歸州長年所羨能此鄉之人器量窄悮競南風疎
北容若道士無英俊才何得山有屈原宅

遊玉虛洞古風　　劉藹

玉虛仙子歸何去採藥山中不知處倒流溪水橫崖前元竅襲
香泉冷然悠悠風聲碧桃玉馥馥烟含瑤草綠柯雲渺散夕陽
卯野鷄霧光浮山色玉乳玲瓏珠似泡高照溫煖并如粒飄飄

輕霧吐長津丹井何年秋復春

同前

閬苑蓬萊只口傳玉虛臨覔景飄然神功花草成華蓋怪石玲瓏擁翠巔騰去何年龍隱穴翻成今日客相牽結茅頗得僧棲止此處還宥學永年

過歸州　　喻文壯

家在閬山東復東其間處處有花紅而今不見花紅處花在舊

時紅處紅

家住閩山西復西其間處處有鶯啼而今不見鶯啼處鶯在旧時啼處啼

同前　　滕　毅

春風夔子國落日楚王臺江繞西陵下雲從工峽来壯遊今已遂幽思獨難裁関塞犹戎馬吟边首重回

州守勸民歌　　張尚儒

秭歸江上事如何地瘠民貧益撫摩敝壞由來難舉盡窮鄉何處爲催科漆桐曲盡依然少菽粟炊殘賦稅多勸爾謀生宜努力公門無事莫頻過

應天巡按過屈平八絶　　龔文選

一生抱鯁骨九死等鴻毛獨恨蛾眉妬汨羅湧怒濤

不因嗔逐客只爲悟懷王自塟江魚腹清流忠義長

離騷千古筆俎豆萬年觴多少遊人淚點點滴湖湘

義胆藏波月，丹心貫斗墟。試聽飛浪曲，楚楚弔三閭。

江魂歸故里，遺像凛幽思。玉宋田無有，可供伏臘粢。

慘淡江雲色，哀號石浪聲。啣悲風樹鳳，若為大夫鳴。

已畢捐軀志，难酧報國思。依然生氣在，寒夜泣江籬。

公名天下著，庙貌薜蘿荒。蕭瑟蒼烟裏，焚香淚染裳。

弔屈原大夫三首

有道身危正氣留，先生庙食幾千秋。長江近日惟東逝，獨有忠

魂遡上流
憲令裁成始石形行吟泽畔欸伶仃瑤臺偃蹇皆沉湎可許先
生號獨醒
獨醒人放秭歸來吊古無如宋玉哀西望巫峰空寂寂汨羅還
勝楚陽臺

黄牛峽贈别

峽裡東風送我西風花潭上路欸時黄牛應不須朝暮青鬢能

堪幾別離月色故人千里共猿啼驛路寸心知峩眉嶺峻家何

在藜狀雖逢踐所期

昭君怨

張祜

萬里邊城遠千山行路難舉頭惟見日何處是長安

三閭廟

唐　張祜

讒勝禍難防沉魂信可傷本圖安楚國不是怨懷王

古碣碑無字淵疇蕙有香獨醒人尚少誰與奠椒漿

過楚宮

巫峽迢迢旧楚宮至今雲雨暗丹楓浮生盡戀人間樂只有襄王憶夢中

漁父二首　　張志和

西塞山前白鷺飛桃花流水鱖魚肥青箬笠綠簑衣斜風細雨不須歸

青草湖中月色圓洞庭漁父棹頭船還輪車子釣頭撇樂在風

波不用仙

入峽一首

湖北學政凌如煥

萬仞峰攢四望遮西來客路近三巴直疑井隘窺天小始信山巔即水涯古戍迎人吹觱篥漁舟打鼓工嵯岈分明旧日蠶叢國南楚東吳共一家